沙孟海评传

陈振濂恭题

陈耘文 宓可红 著

西泠印社出版社

本书为杭州市文化创意产业专项资金资助项目

目录

前言：寻找一个真实的沙孟海

1938年1月中旬，日本近卫内阁发表对华政策声明："帝国政府今后不以国民政府为对手，而期望真能与帝国合作的中国新政权的建立与发展，并将与此新政权调整两国邦交。"意欲以此迫使国民党蒋介石政府投降。

1938年6月，台儿庄大捷不久，日本帝国主义为摆脱侵华困境，开始实施在中国成立汉奸政府，实行"以华制华"。当时日本人看好了两个与蒋介石有宿怨的人，一个是一人之下的汪精卫，另一个便是曾统兵百万、"比较他同时的那些军阀，大多腰缠千百万，总算难能可贵"[①]的吴佩孚。

吴佩孚这个有着"一嘴短短的红胡子，长脸高额，鼻相很好"的直系军阀一度被当成"中国最强者"，1924年成为首次亮相美国《时代》杂志周刊封面的中国人。那时，吴佩孚拥兵数十万，虎踞洛阳，其势力影响大半个中国。登上《时代》封面一周后，第二次直奉战争爆发。由于直系大将冯玉祥发动北平政变，吴佩孚一败涂地，只得浮海南逃，四处流寓。

① 俞荣根主编：《董必武与抗战大后方——思想资料辑录（上）》，重庆出版社，第50页。

若没有日本人的入侵，在政坛上已经销声匿迹的吴佩孚原本是要在北京城里颐养天年的。可是，1938年底，由于吴佩孚曾经拥有的影响力和可能产生的号召力，日本人盯上了他，密谋把他抬出来搞一个“华北自治政府”，达到分裂中国的目的。

日本军部特派川本芳太郎大佐专赴北平，敦促吴佩孚出山。在川本一系列的动作下，吴佩孚虽然说是民国时代有良知的军阀，但多少有些心动。

吴佩孚可能“出山”之事传到了重庆，在国民党政府中引起极大震动。朱家骅紧急求见蒋介石，听完汇报后，蒋一脸阴沉。朱家骅献策道，他以中央委员会秘书长的名义给吴佩孚发一个电报，晓以大义，阻止他出山。蒋介石点头同意了。

这样一个完全中国秀才式的做法，无疑是与虎谋皮。

朱家骅将他的秘书叫到办公室，说：“日本人要拉吴佩孚出来，搞‘华北自治政府’，这是一个大阴谋。吴佩孚在北方还有一些影响力，他要是出来为日本人做事，会出现很多麻烦。你以我的名义，起草一份电报给吴佩孚，劝他千万不要出面接受，这是关系到民族存亡的大事。还有，吴佩孚是老秀才，电文要以古文形式，强调春秋大义，文字不要太长，但一定要写得有力量。”

朱家骅的秘书点点头。事关民族存亡的大事交到了他的手上，他当然知道朱家骅交付的担子有多重。

平时并不喝茶的他在那天晚上却浓浓地泡了一杯。端坐书桌前执笔静思良久，他开始撰稿，仿佛有一股神力在左右他的笔毫，一篇五百余字的四六骈文一挥而就。文中力陈“夷夏之辨”，庄严声明“春秋大义”，敦促吴佩孚千万要以民族为重，不要“一失足而成千古恨”，成为中华民族的罪人。

朱家骅对电文极为满意，当即令人通过特殊渠道发给吴佩孚。吴佩孚看完，如遭电击，脸色极为难看。

不久，朱家骅收到了吴佩孚转交重庆派去的地下特工人员发回的电报，内有“仆虽武人，亦知大义，此心安如泰山”等语。这表明了他在大是大非上的立场。

1938年12月18日，汪精卫公开投敌。朱家骅得悉汪派特务欲拉吴佩孚下水的情报后，又叫秘书起草了第二通致吴佩孚的电文。

1939年3月30日，百余名中外记者拥向什锦花园。园内戒备森严，进场的记者人手一份中、英、日三种文字的“讲稿”——《吴氏对时局的意见》。一身中国绅士装束的吴佩孚在众人的簇拥下进入会场，他仅瞥了一眼案前的“讲稿”，就开始即席讲演。吴佩孚一字一句地说：“惟‘平’乃能‘和’，‘和’必基于‘平’。本人认为，中日和平，惟有三个先决条件：一、日本无条件自华北撤兵；二、中华民国应保持领土和主权之完整；三、日本应以重庆（国民政府）为全面议和交涉对手。”怕在场的日本人听不懂，吴佩孚又厉声令秘书“断乎不容更改”地将自己最后的“政治宣言”翻译成日语。

这就是吴佩孚给朱家骅第二封电文的公开“回信”。至此，朱家骅和蒋介石心中一块大石头方才落地。

几天之后，朱家骅的秘书将电文底稿交与他的同乡看，后者赞不绝口。

可惜的是，电文底稿没有留下来，佚失在时间的烟云中，并且此事一直鲜有人知。但这一支笔抵百万雄兵的传奇，历史不会遗忘。

朱家骅的秘书，即本文主人公——沙孟海。他的同乡，则名叫陈布雷，亦是民国风云人物。

古人说时势造英雄，其实不独英雄，帝王将相、贩夫走卒，哪一个不是时势所造就的。这当然是从结果推导的说法。若从初心出发，立志要培养成为何等人才，倒往往多出意外。故，一个人的成就，除了必然，还有诸多偶然。

不独中国文化有这样说法，美国心理学家桑戴克（Edward L.Thomdike）也说："人生是两重的——一重是环境对于他所生之结果，一重是他对于环境所生之结果。人之成因或禀质，等于他在环境中所受的影响，与他对于环境所生的反应之意向。"①

除了时势，在中国传统文化里根深蒂固的观念还有"血统论"，这广义上和法国诗人、文艺批评家圣佩韦·查理·奥古斯丁（Sainte-Beuve Charles Augustin，1804—1869）所说的"尝以为研究一种作品，必须先知道那个作家的家世、生平及性格②"，如出一辙。

上述说法，最为关键的是提供了一种方法论。有了时代、家世这根藤，便可顺着摸瓜。摸到了瓜后，再谈一个人内在的个性、脾气对其影响，作庖丁解牛式的分析和研究。

本书评述沙孟海，用的就是这个方法。

沙孟海出生于1900年，属于晚清时期，11周岁那年发生了辛

① 见舒新城所译《个性论》。

② 见郑振勾起所编《文学大纲》卷四。

亥革命，是改朝换代的巨变。这一年，他已是锦堂学校附小的五年级学生，因为识得新政府篆文印样，而使该校师生惊异。从某种角度而言，这在他少年的心性里，成了学书的巨大动力。

在五千年未有的变局中，沙翁虽还是一个孩子，但他将成为怎样的一个人，已经有了端倪。事实上，在时代的分野中，他的个体生命也发生了嬗变，没多久便正式离开家乡，一去不复返地走上了求学道路，开启了命运的全新旅程。

纵观沙翁一生，根据时代特征，本书将他的生平划分成了三个阶段：

1900—1911年，清朝人；

1911—1949年，民国人；

1949—1992年，新时代人。

第一阶段划分虽然有所勉强，但这样的便宜法门，容易透过大时代的洪流管窥被裹挟着的个体生命之独特性和丰富性，甚至更容易看到思想上的局限性和无奈的一面。

有了时代这个纲，目就浮出了水面，那就是沙翁是什么人？

可以说，大多数人对沙翁的认识是一个著名的书法家。非相关业内人士，鲜有人知道他还是一个语言文字学家、古典文学家、金石学家、考古学家、印学家，上述无论哪一个学科的成就，均堪为大家。无奈只是书名太盛，其他反而不得彰显。但是，如果忽略对沙翁其他领域成就的梳理，他的书法成就无疑将显得单薄，甚至成为无本之木。

以时代为经线，以书法为主的学术成就为纬线，我们试图重新还原或者拼出一个坐标中的沙翁。

第一部分　清朝：山村孤童子

一、两代单传

沙村的沙晓航，两世单传，娶妻杜氏，却一直没有孩子。这成了其父沙忠喜的心病。

沙忠喜、沙晓航生活在祖辈经营了多年的沙村。

传闻曾有一个瞎眼算命先生，出宁波向东，走到沙村，忽面露惊讶之色，竟站定不走，连呼这地方日后必出人才。

沙村，远离鄞县县城东南约八十里，是天台山山脉大梅山下的一个偏僻山坳里的小山村。当时有三百余户人家，多以务农和砍伐竹木为生。不管是100多年前还是当世，尤其在一些小地方，人分两种，一种是城里人，一种是乡下人，后一种称呼多少是含有贬义的。但殊不知，还有比乡下人更为下等的“里山人”，沙村人当时就被这样叫唤。

沙村原叫梅溪，因村民多姓沙，故改名为沙村。宋时沙成迁居明州鄮县（即今鄞州区），及三世沙用明，由该县的五港迁到了梅溪，然后开枝散叶，发扬壮大。但即使到了同治、光绪年间，已经传到了第二十八世，村里像样的出息人，大概只能算沙竹房[1]这一支，沙忠喜的儿子沙晓航，一个乡村中医。

沙孝能[2]（1875—1913），字可庄，号晓航，和其父亲沙忠喜一样，都是单传。

沙忠喜，字规墨，为人忠厚，宽容待人。据沙晓航写的《先府君行述》记载：沙忠喜亲手种植的一棵树被人砍伐，正被背走时，被他看见，那人弃树而逃。沙忠喜说："不要逃，怕跌跤！树既然砍了，你且背走，下次勿再砍伐就是了。"一时，乡里人都赞美沙忠喜气度宽宏。一个乡村好人，与人为善，且凭着体壮力大、辛勤劳作积累了一点田产后，自然希望培养儿子成为一个读书人。

沙忠喜唯一的儿子，也确实具备读书人的禀赋。据陈训正先生所作《沙晓航先生墓碣文》曰："君（沙晓航）生有异秉，善读书，一时里师以神童目之。"虽然有为尊者溢美之意，但大抵应该不错。时至今天，沙晓航的传世作品已不可觅，仅余一首无法考证真伪的诗，描述象山港的《过湖头渡》：

海色连山色，人家画意中。渡头喧过客，岛畔歇渔翁。

矮屋临高岸，轻舟挂远风。哪知幽僻地，直与五洲通。

沙晓航不仅酷爱文学，还旁及书画篆刻，并都有一定造诣。也正是这一旁及，日后启蒙长子，成为不世出的大书法家。

可惜的是，沙晓航小时候出去，竟然两次被疯狗所咬，虽抢救过来不至殒命，但体内潜伏着狂犬病病毒而体弱多病。读书之

① 据《沙孟海先生年谱》（沙茂世编撰）所载："（沙孟海）曾祖沙恭珩有兄弟三人，分为松竹梅三房，（沙孟海）曾祖属竹房。"

② 陈训正先生曾作《沙晓航先生墓碣文》，称沙孟海父亲为沙君晓航，本文沿用。

余，他做不了农活，就跟人学了中医。

在旧时的山村，无论是读书人还是医者，都是极其受到尊重的，不要说两者兼备。从《沙晓航先生墓碣文》可以看出，乡村读书人沙晓航的医术精湛，医德高尚，“为人疗疾，应手辄治”。邻里中有奇疴不起，不用请，沙晓航就“亲往视之”，虽疾风苦雨，也不退避。从这段描述中还可以看出，沙晓航不仅是个坐诊乡村中医，还要巡诊，甚至还要经常性地出急诊。本就身体孱弱的他，心力消耗自然也多。

成人后，沙晓航娶妻杜氏，并无生养。

沙忠喜和沙晓航两世虽是单传，父子两人一个凭着勤劳、一个凭着医术，日子自然比寻常乡亲要好。清光绪二十五年（1899），沙家建了新房，一幢二进四开间砖木结构住宅。南北长近40米，东西宽约15米，占地面积574平方米。主体建筑坐北朝南，平面布局由南而北次第升高。这里地处梅岭山脉北麓，背倚青山，面临大溪，峰峦挺秀，溪流清冽，环境十分幽雅。

建了新房这一年，沙晓航复娶东距沙村三十华里的同县大咸乡大嵩村前村贡生陈明先（蓉舟）的次女陈龄为妻。陈龄虽不识字，但颇有胆略、胆识，善作绣花图样。

这一建一娶，在日后看来，对沙竹房的意义可谓重大。建了新房，才让日后人丁兴旺的沙晓航家有房子可以安身；娶了陈龄，她不仅有旺盛的生育能力，给20世纪的中国，贡献了五位杰出的书法家、革命家、画家等，更是未来多年变故迭生的沙家的主心骨。

先生母亲陈龄

清光绪二十六年（1900），6月11号，旧历庚子五月十五日，沙晓航的第一个儿子出生了。他原名文瀚[1]，后改名文若，中年后以字“孟海”行世。

两世单传、娶两妻方得子的沙晓航，自然欣喜万分（尽管在沙孟海出生之前，沙忠喜已经去世。其时的沙家，在村中无疑算得上小康之家）。沙孟海又生得聪颖，在襁褓之中便成了全家人的中心，尤得老祖母周夫人喜爱。

二、沙村方圆70公里的世事

沙孟海出生的那年，在距离沙村60公里的一个小镇上，有个13岁的少年在私塾就读时，忽然萌发春心，竟然对和自己有亲戚关系的姑娘毛阿春产生了好感。他慕其貌美，仰其婀娜身姿，继而陷入“非非之想”，一度产生迎娶为妻的荒唐念头。

那个小镇叫溪口，那个少年当时叫瑞元，后来是世人熟知的蒋介石。

① 刘新所作《翰墨人生——书法大师沙孟海的前半生》，是经沙老认可的传记，该书第5页“家里给这孩子起了小名文翰”。沙茂世编撰《沙孟海先生年谱》，则为“瀚”字。下文关于年代、人名等引用、注释，均从《年谱》。

现据萧心力、春明编著的《蒋介石家事家书》披露：“毛阿春的母亲蒋赛凤，是蒋肇聪的堂妹，丈夫早年病亡，遗下小女阿春。由于中年丧夫，家居冷落，常带着阿春回溪口居住。王采玉与这位小姑同病相怜，常相往来，蒋介石因此有机会与阿春见面。阿春姿容姣好，性格开朗，年龄与蒋介石相仿，两人十分相得。蒋介石到榆林读书之后，每逢假日，常到岩头村去谒见堂姑，找阿春玩，渐渐地，两人的心中萌发了爱情的种子。蒋介石对阿春有了情意，言谈之间不免流出来……”

这一年，在距离沙村另一个约70公里的村庄——宁海冠庄村，日后沙孟海的师兄、一度住在同一个屋檐下的著名画家潘天寿已经3周岁。

这一年，将成为沙孟海的同门、并在民国政坛将多方照应他、出生在距沙村约51公里的慈溪官桥的陈布雷刚好10岁，已读完《春秋》《左传》《书经》，开始读那个年头最新潮的《时务报》，“虽在可解不可解之间，顾独喜阅之”。

据羽戈《两个陈布雷》云：“相比蒋介石，陈布雷的形象更能代表宁波人：矮小、瘦弱、眉目清秀，斯文而聪慧。他的家乡慈溪，毗邻绍兴，他后半生所从事的工作，近乎为绍兴师爷，只是他的性情，有师爷之谨小慎微，而无师爷之刁滑奸诈。”

前面的阐述中，说到了那个时代的宁波人，矮小、瘦弱或者有之，但沙氏成人后高大伟岸，蒋、潘两氏同样并不矮小。然后说到了宁波和绍兴的区别。两地地缘相近，近百年来，绍兴是公认人才辈出之地，尤其在文学、思想、教育领域，可谓灿若繁星。但很少提及邻近的宁波，实则不遑多让，沙孟海、潘天寿、蒋介石在各自领域，均是领袖级人物，影响力巨大。

这样可以参照评论的四人，现在看来，似乎有一种命定，出生在以沙村为中心的70公里半径内，同是宁波人，具有相同的时代背景，那一年在命运的道路上列队完毕，只是等待着奇妙的相遇。

三、活人命于纸上

沙孟海的出生给沙竹房沙晓航家带来了无限的生机和希望。世事纷扰，但沙村安宁依旧，26岁的沙晓航的人生，展现了岁月静好的一面。他的医术，为邻近村庄的乡亲治病游刃有余，平时还有一个亦兄弟亦徒弟的年轻人跟着他，那是老三房——泰贵房的沙松寿。据记载这是一个很有能力的人，后来还去闯了上海滩，他半儒半商半医，亦擅长绘画书法。这两个志趣相投的年轻人在一起，使得沙晓航的精神生活并不寂寞。

1904年，沙晓航有了第二个儿子——沙文求[①]，原名文灏，字仲己、端己。

随着第二个儿子的出生，除了打破两世单传的宿命，也许那几年，更是沙晓航艺术上收获最大的时期。在年幼的沙孟海眼

① 沙文求，1904年12月2日出生，原名文灏，后改名文求，字仲己、端己。少时就读沙村小学，后由沙孟海资助，进宁波效实中学，1925年毕业，是年冬加入中国共产党。1926年夏在沙村从事农民运动，并在沙村建立第一个共产党支部，是年秋受中共江浙区委指派奔赴当时的革命圣地广州，入中山大学读书。1927年参加广州暴动，失败后转入党的地下工作，化名史永，字文远，曾任共青团广州市委委员兼秘书长。1928年，从香港潜回广州，继续从事地下工作时被捕，就义于广州红花岗，年仅25岁。

里，父亲看病之余，很少像普通农人那样荷锄下地，而是在家里的书桌上写字、作画、刻章。自记事起，沙孟海就喜欢看父亲整个绘画和篆刻的过程，墙壁上钉得满满的梅兰竹菊，小石头一个个浮现出来的字体，对他充满着无穷无尽的吸引力。

这是沙孟海接受家庭书画教育熏陶的阶段。耐心的父亲，对儿子关于书法、篆刻、绘画没完没了的天真提问，在被惹得大笑之余，总是细心解答，说完还开心地拍拍他的头，以示鼓励和嘉许。

但是这样的日子注定不会长久，自沙孟海5岁那年开始，陈龄发现自己的丈夫有时一个人坐着发呆，眼神迷离空洞。那时，陈龄以为他是给人看病太累了，也不以为意。

1906年，6岁的沙孟海开始在家塾上学，未读几天，小小年纪的他就能背诵《三字经》，显示了他早慧的一面。

1907年，沙孟海进入本村的私塾，从沙璞斋、沙兆基父子读经，已能背诵《孝经》。更为重要的是，私塾里有“午功”（字课），表明沙孟海开始接受正规的书法教育。沙孟海在《沙邨印话》中自述：“余治印受之庭训。”除了学校教育，沙孟海的书法家庭教育同步开始了，课余回家后由父亲隔数日教一两个篆文。从小耳濡目染的沙孟海，开始对书法产生了浓厚的兴趣，他常常“躲进小楼成一统”，在父亲的书房里，偷偷翻阅父亲的碑帖、书籍，简直到了忘我的地步。

这样的生活差不多持续了两年。1907年农历年底，沙晓航的第三个儿子沙文汉[①]出生了。

到了沙孟海9岁那年，“见父亲将自镌‘活人命于纸上’六字朱文印钤于为人诊病之药方上，深感兴趣”。说来也是奇怪，父亲这样的举动，儿时的沙孟海已经司空见惯，但就是在那一天，兴趣来了。从日后看来，一是开启了他的印学之路，同时表明他的成就将旁涉多门。

终于，有一天，沙孟海趁大人不在，躲进父亲的房间，拿起父亲的刻刀，学着父亲的架势，在青田石上刻起“活人命于纸上”来了。虽然刻刀划破了手指，雕刻出来的文字深深浅浅，但沙晓航却欣喜万分，摸着儿子的脑袋哈哈大笑。他相信书画艺术对于儿子的健康成长大有裨益，但他却没有想到，这几个字竟然会是儿子八十多年书法篆刻生涯的第一堂动手课！

四、可以说是为他“创办”的那些新学

身处20世纪初期，在沙村以外的宁波和更多城市的有识之士，已经感到大清帝国日薄西山。其时，国际、国内各种矛盾日益尖锐，民族危机加重，不少开明人士和知识分子深切地感到非

① 沙文汉，1908年1月24日出生，原名沙文沅，后改名文舒，字叔温，1927年后改用文汉，字叔起。在苏联学习时用Vacili Minsu（瓦西里·明苏）。1925年在宁波甲种商业学校读书时参加中国共产党。1926年毕业后，婉谢大哥沙孟海为其安排的青岛明华银行的职务，回到老家沙村，接替二哥文求任沙村党支部书记。后与奉化卓兰芳负责的忠义区合并，成立中共鄞奉区委，卓兰芳任书记，沙文汉任委员，曾组织暴动，失败后遭通缉离开家乡。在上海、日本等地从事党的地下工作时曾用名陈孟石、沙房山、陈元阳、陈叔温等。1937年在党内改名张登，中华人民共和国成立后复用沙文汉名。曾任中共华东局宣传部副部长兼统战部长、省教育厅厅长、浙江大学校长；后任浙江省人民政府副主席、省委常委、浙江省省长。1957年被错划为“右派”，1964年1月病逝于杭州，终年56岁。

兴学不足以强国。于是，创办新学之风兴起。宁波作为我国最早与外国通商的城市之一，受西方的教育理念影响较大，也开始酝酿创办新式学堂。而最终促使宁波创办新式学堂的，主要有两方面因素：

其一，从国内来讲，以张之洞为代表的洋务派多次向清朝政府建言，提出整顿传统教育积弊、兴学育才设想，并且在他担任湖广总督的地区兴办了军事、矿冶、外语、师范等多类学堂，进行教育实践，形成了比较完整的近代教育体系可供借鉴。

1898年6月发生的戊戌变法运动，也将教育改革作为变法运动的主要内容之一。如梁启超在《变法通议》中提出："变法之本，在育人才；人才之兴，在开学校。"光绪帝在《诏定国是》里，强调培养"通经济之才"和兴办学堂的重要性。

这些教育革新活动和自上到下的呼声，给一贯善于接受新事物的宁波人鼓舞很大。

其二，宁波地方官员重视教育，已经形成很大势力的"宁波帮"乐于助学，形成了一个官方组织和支持、商人出资的良好办学社会环境。

1898年，宁波知府程云俶在慈溪旅沪商人严信厚和地方名士的支持下，在宁波创办了第一所民办性质的新式中等教育学堂，取名"储才学堂"。开办第6年，中国近代教育史上发生了一件大事——清政府于1904年1月13日颁布实施《奏定学堂章程》，也称 "癸卯学制"。这是我国第一部正式颁布且在全国普遍实行的学制，按照西方教育模式确立了中国现代学制的基本模式和框架。之后，中等学堂在全国各地如雨后春笋般涌现出来。和沙孟海有直接关系的就有邹溪钟山小学、锦堂学校、花溪小学、庄桥集成小学、省立宁波第四师范等等。

锦堂学校旧址位于慈溪观海卫镇，是爱国华侨吴锦堂清光绪三十一年（1905）在家乡独资创建的。

1855年，吴锦堂出生于今慈溪市观海卫镇锦堂村，幼时家境尚可，但由于连年遭遇天灾人祸，后一落千丈，不得不辍学务农。1882年，到上海红庙前的萃丰油烛店当帮佣。1885年，31岁的吴锦堂东渡日本长崎。不到10年，成了神户华侨的领军人物。据《浙慈吴锦堂先生六旬荣寿录》，江义所写的《寿言》介绍："（吴锦堂）以火柴为祖国日用品，创办红衣商标。以棉花为日本纺织品，购钟渊股份，开设行号，兼营实业，握贩运之权势，遂获资数百万。"

吴锦堂他们是第一批睁眼看世界的人，通过勤劳和智慧积累了巨额财富，同时他们都是道德上的高尚者。

吴锦堂继承和发扬了宁波帮商人"相互提携、协作共荣"、"闯荡世界、造福桑梓"的传统，热心公益，常出巨款组织赈济救助无数灾民，人们誉为"万家生佛"。

锦堂学校堪为其投资教育的代表作。学校整体工程规模宏大，建口字形教学楼一幢，共计104间及杂平房19间，还辟有操场、花园、蓄水池、学堂河，历时3年，耗资23万余银圆才建成。浙江巡抚呈光绪皇帝的请赏奏折中称其为"浙江私立学校之冠"。今留存下来的为主体建筑、欧式风格口字形两层教学楼。建筑每间进深6.6米，前有檐廊1.6米；中间正方形大天井栽花植树，形成了一个独立而幽雅的学习环境；楼上木地板、铁护栏、梁柱间以拱形装饰；屋顶披小青瓦，墙体青砖错缝平砌，白灰嵌缝。

锦堂学校欧式风格的校舍、先进的教育设施、新颖的学科设置及注重学生实践操作能力的教学理念，令人耳目一新。学校开设了几何、代数、外语、园艺等学科，并备有实验室、棉田桑园等供学生实践所需。

包括锦堂学校在内的新式学堂的建立，一部分旧式学堂出身的教师渐渐不能适应新式教育的要求，学生的增多也需要大批的教师，在这种形势下，1905年郡绅张美翊、陈训正等人在征得宁波知府同意后，将湖西月湖书院（今月湖饭店）改为宁波府师范学堂，从此，宁波第一个专门培养教师的学校诞生了。这就是浙江省立第四师范的前身。

张爱玲作《倾城之恋》，在文尾说道："香港的陷落成全了她。但是在这不可理喻的世界里，谁知道什么是因，什么是果？谁知道呢，也许就因为要成全她，一个大都市倾覆了。成千上万的人死去，成千上万的人痛苦着，跟着是惊天动地的大改革……"以类比方法得出，"钟山小学、锦堂学校、花溪小学、庄桥集成小学、宁波第四师范"的兴办成全了沙孟海。这虽然不是为了沙孟海而兴办，但对于他个人而言，客观上确实有了这个果。

五、辛亥革命一颗大印

宁波兴办新学的成果，沙孟海在1910年就享受到了。他在《忆母亲——陈龄》中说道："我乡有杨先生，以诗、古文著名，近县青年负笈从学者颇多。有人劝母亲送我去，而母亲毫不考虑，决心叫我进学校受新教育。”

陈龄，这位贡生的女儿、儒医的妻子，大概是她的父亲和丈夫都是真正的读书人，在她的心目中对家有读书人才能光耀门楣的价值观几乎是根深蒂固的。她虽不曾读书，但确实有不凡的见识。

1910年2月14日，一个后来成为情人节的日子，沙晓航的第四个儿子沙文威[①]出生了。

读了三年私塾的沙孟海，在母亲的坚持下，去了距家五里的邹溪钟山小学求学。尽管只有10岁，但他识篆文颇多，常取小印石学刻印章。在石头上舞刀，成了他的儿时游戏。

除了刻章，这年沙晓航给他的长子布置了非常重要的家庭作业——临习《集王羲之书圣教序》。

沙晓航给长子沙孟海布置的作业，从日后的影响来看，具有非凡的意义和价值。它像一盏灯，照亮了沙孟海的书法启蒙道路；也像一把尺子，丈量着沙孟海行走的每一步。

沙晓航发呆的次数增加了，以往是两年发一次，现在是一年发一次。每次发呆的时间也越来越长，常常是半天坐着不语不响，怕光怕水，甚至喜怒无常。陈龄母子对此束手无策，以沙村

① 沙文威，1910年2月14日出生，原名文溶，后改名文威，字重叔。1925年在宁波第四中学参加共青团，任宁波学生联合会主席。1926年参与支持工人罢工运动被学校开除并遭当局通缉，后成为一个职业革命家。1934年至南京解放，长期从事党的情报策反工作。1949年在南京改名史永，曾任中共江苏省委统战部副部长、中共华东局统战部秘书长、全国政协副秘书长等职务。1999年7月病逝于北京，享年90岁。

为中心方圆数里最好的医生就在他们家，就是这个病人。后来连村里人都知道这个乡村的“扁鹊”，解救过无数人疾病的医生已经救不了自己的性命了。

随着沙晓航的病情加重，随着孩子的一个个出生，沙孟海家的境况是一天不如一天了。但沙晓航在清醒的时候，又和陈龄一起做了一件无比正确的事情。他们商议决定，托一位朋友把沙孟海带到慈溪北乡东山头的锦堂学校读书。

年幼的沙孟海，懵懵懂懂地跟着大人，从沙村出发，经宁波市区转往“山北”，乘一次航船，步行两段路，两个昼夜后才到达了目的地——世外桃源一般的锦堂学校。这也是沙孟海第一次出远门，青涩，但又美妙。

锦堂学校1911年五年级插班新生沙孟海，在他面前一切都是新的，新的学校，新的课本，新的知识，新的教育方式，甚至是一个新的时代，轰隆一声放在了他的面前，而他却用旧学的功底，为自己赢得了一生中最初的荣光。

该年10月10日，孙中山领导的辛亥革命一举推翻了清王朝，这一消息传遍全国，人们奔走相告，一个新的时代来了。新成立的革命政府的每条消息都在锦堂学校师生中引起强烈的反响。

在历史的闪回中，可以看到，1911年10月11日上午，武昌全部光复。晚上，成立谋略处。在谋略处的主持下，宣布成立中华民国军政府鄂军都督府（即中华民国湖北军政府），公布军政府檄文和《安民布告》，宣布改国号为中华民国，废除清朝宣统年号。谋略处以军政府名义发布《布告全国电》《通告各省文》等文告通电全国。

印着通电的报纸到了锦堂学校，老师和同学争相传阅，可是报纸上的一颗篆字大方印，全校师生没有一个人认识。谁也没有料到，年仅11岁的沙孟海却指着大印上的篆字，准确地读出“中华民国军政府鄂省大都督之印”。师生为之惊异，沙孟海一时风头无两。这风头，一面激励他继续走在书艺探索的道路上，另一面也给他带来一些哭笑不得的麻烦，直接导致他结束了锦堂学校短暂的求学生涯。

第二部分　民国：负笈到城中

第一章　宁波

一、沙孟海“死”了

“革命”的消息传到沙村的时候，并不是百年以后的人们想象的那么能理解和震撼，在一群“帝力与我何有哉”的里山人眼里，更多的是茫然和无关。

但与革命相关的另一条消息却引爆了沙村，那就是“沙晓航家的大儿子沙孟海死了”。

据说沙孟海是参加革命军，在战斗中被打死的。

这后续的消息，让沙村人一方面感觉革命离他们很近，另一方面觉得革命军又实在过于草率，怎么能让11岁的孩子都参加进去。

这下子吓坏了沙孟海的老祖母和父母亲，惊慌之中他们托人四处打探消息。直到得知沙孟海安然无恙，而且学习成绩优秀时，才放下心来。

原来沙孟海认出了“中华民国军政府鄂省大都督之印”大印

篆文，他的大名在甬中大地流传。一个好事的举人之孙，大概是出于嫉妒，在传播时加了句“沙孟海参加革命军被打死了”。不料，竟然传到了沙村，害得沙家白白悲痛和惊慌了一场。

年终沙孟海放假回家，才知道自己“被打死了一次”。这是年少的沙孟海第一次被与死亡连在一起，原以为当他活蹦乱跳地站在家人面前，此事就过去了。孰料，过完年，父母亲坚决不让沙孟海回锦堂学校读书，那个消息给他们的恐惧感以及鞭长莫及的无力感，实在太强了。

虽然年幼，但沙孟海已经读了不少书，进过新学堂，甚至可以说经历了朝代更替，算是一个见过世面的人。这是他第一次感受到死亡对于亲人的冲击是如此巨大，而从日后来看，被死亡了一次的沙孟海，他的个性一定程度上趋于保守，自始至终更愿意做一个学者，不像几个弟弟，选择了激进的革命道路。还有，从宿命的角度而言，一个“假消息”似乎开启了某扇大门，从此以后，他必须在漫长的岁月中不断经历着生离死别的冲击和煎熬。

沙孟海进了本乡花溪小学就读，课余就为父亲抄写药方。一家人在一起的日子，平实而温暖。

1912年3月9日，沙晓航最小的儿子沙文度[①]出生了。

---

① 沙文度，1912年3月9日出生，原名文濬，后改名文度，字季冲、季同。1934年毕业于上海美术专科学校，1935年在南京中央大学艺术科旁听，师从徐悲鸿先生。1938年去延安时化名陈正煦，入鲁迅艺术院学习。后派往贺龙任师长的八路军一二〇师，去冀中平原进行战地宣传时参加中国共产党。1941年在“抢救运动”中遭迫害，精神失常，1943年猝死在延河河畔，年仅31岁。

两世单传的沙家，在沙晓航一辈，突然生了五个儿子，按照多子多福的传统观念，自然喜不自胜。尽管沙晓航与其父亲积累了一定家底，但是，随着沙晓航病情的加重，无法像以前那样风雨无阻地为乡亲们看病，收入自然锐减。换言之，他们为了家族兴旺，费了几代人的努力，渴望儿孙满堂，最后却因儿子越来越多，加剧了经济状况的恶化，日子过得更为艰难。

拖着病体苦苦支撑着八口之家的沙晓航，在1913年9月溘然长逝。沙晓航完成了家族的使命。剩下的，不管愿意不愿意，有没有能力，人世的艰难就交到了两个寡妇手里。

父亲的不幸离世不仅对全家是一个灾难，对沙孟海内心的打击和人生道路的影响更是巨大。想起有一次随着父亲路过先祖坟地，父亲特意停下来告诉他："吾先世皆农夫，以敦朴相尚，闻之吾祖志正府君年七十余，犹躬率孙子作苦。诸子惧惫力，请止，终不肯止。张孺人虽老，终日治阃内事之间。方是时，家门肃然，长幼男女各有常职，黎明而作，宵分而息，田虽瘠，获无不丰；居室虽狭，靡一物不得所，村人称道之。教子孙咸以府君为法，汝今弗勉学安衣安食，又安知丝粟皆先人苦心耶。"①

沙孟海闻言悚惧，在随后的数年可谓时刻铭记在心。其实父亲对他的影响，除了家训、书法篆刻艺术上的启示和其他能够想象的层面，更重要的是精神上的影响。沙孟海曾在《冯君木冯都良父子遗事》一文中回忆道："我是山村孤童子，负笈到城中。受先生知遇，奖掖逾恒。""孤童子"一词实在是耐人寻味。沙

① 见《高祖志正府君事略》。

孟海出生时，是两代单传之家的长孙，其时家境亦属于最好的时期，可谓集宠爱于一身，随后四个弟弟接踵而来，即使在山村，断断谈不上“孤”词，而他写得如此沉郁，或许有性格的一面，其他能说的是父亲对他的影响实在是太大了。父亲一走，他顿时有了成为书法、篆刻艺术上的孤儿之感，讲的是道之孤。在他的内心，父亲的早逝，该是多么的寂寥。

作为家中的长子，一向品学兼优的沙孟海，收好父亲给他的遗物——《集王羲之书圣教序》，准备退学，决心留在家中种田，想以自己的“作苦”，和母亲一起挑起家中的重担。

二、蒋介石、陈布雷的辛亥革命

相比于少年沙孟海在宁波的简单人生，他的两个年长的老乡，已经在革命的洪水中泛出了自己的浪花。

沙孟海出生那年，才13岁的蒋介石想娶毛阿春没成，害得母亲反被奚落。在第二年，娶了第一任妻子毛福梅。

有了妻室的少年蒋介石，在16岁那年考入奉化凤麓学堂，两年后至宁波箭金学堂就读。1906年初肄业于龙津学堂，4月东渡日本，入东京清华学校，结识陈其美等人。陈其美对蒋介石“一见如故，即与订交，介绍入同盟会”，并且引见给了孙中山。这标志着蒋介石正式参与政治活动，投身资产阶级革命，并有了受到两位重量级人物青睐的机会。该年末，蒋介石回国。1907年，蒋介石考入保定全国陆军速成学堂，习炮兵。1908年春赴日，入东京振武学校。1910年冬毕业后，入日本陆军第十三师团第十九联队为士官候补生。这一年夏，蒋介石“托故假归”，在上海与陈其美“密商举义计划”。据日本《产经新闻》时任主笔古屋奎二所编撰《蒋总统秘录》载：“往见陈其美，虽然假期不多，但在这个时候还是参加了营救被关在牢狱里的同志的……计划。”后因假期将结束，就返回日本。辛亥革命爆发后，陈其美电催蒋介石回国。蒋请假不得，最后只请了48小时短假回国。

据顾乃斌所著《浙江革命纪》中说：“陈其美回沪后，又派黄郛、蒋介石、陈泉卿到杭，开会于顾乃斌家……举定司令官后，并约定起事期间为9月13日至17日之间。”会后，“蒋等三人，即返沪筹划汇款、运械、接济等事”。

1911年辛亥革命首义时，杭州之仗11月5日打响，打前阵的是住在新华路上的奉化会馆中的敢死队。该会馆由蒋介石舅父出资。敢死队队长正是刚从日本军校回国的蒋介石。敢死队员则是其同乡，奉化渔民。时年蒋24岁，名蒋志清，在回国前照了一张绝命照寄给母亲，以身殉革命的决心来杭州参加起义。母亲特遣专人回信，勉励独子：“死生一视于义，毋以家事为念。”青年蒋介石率领敢死队身先士卒猛攻浙江巡抚衙门，活捉巡抚曾韫，革命成功。嗣后在沪军都督陈其美部任沪军第五团团长，与陈其美、沪军第二师师长黄郛结拜为“盟兄弟”。

辛亥革命对于蒋介石的人生是一个重大的转折点，标志着他成为一个军事强人，有助于他成为一个政治强人，从而成为中华民国史上最为重要的政治人物。

陈布雷1911年毕业于浙江高等学堂，先后任《天铎报》记者、《商报》和《时事新报》主笔。在从事新闻工作期间，他思想激进，宣传资产阶级民族民主革命思想，在舆论界具有很大的影响力。在浙江高等学堂（即浙江大学前身）读书期间，陈布雷就对新闻产生了浓厚的兴趣。当时中国正处于资产阶级革命的前夜，许多宣传新思想的报刊纷纷创办。陈布雷如饥似渴地阅读这些报刊，从中学到了不少新闻知识，增长了见识，拓宽了视野。

陈布雷毕业之前，就在《天铎报》发表文章，毕业后经人建议进报社做编辑，开始了他事业的第一站。

此时正是辛亥革命前夜，陈布雷虽然年仅22岁，每月工资却有大洋40元。他在《天铎报》每天撰写短评两则，每十天撰写社论三篇。该报虽为同盟会喉舌，但内部派系众多，陈布雷性情温和，与人无争，和众人相处甚安。

武昌起义的消息传到上海。由于清政府的压力，当时国内报刊，除了同盟会所办的之外，大都不敢明确表示支持革命军的起义行动，许多报纸甚至以“逆军”字样来称呼。

《天铎报》一贯同情革命，然而主笔李怀霜对武昌起义的态度仍比较谨慎，不敢明确表示支持。陈布雷却为武昌起义欢呼，他称起义军为“革军”，连日以“谈鄂”为题作文十篇声援起义，对武昌首义及各省响应情况作了热烈的宣传报道。一时间，“布雷”之名响彻京沪杭一带。

武昌起义爆发后，清政府派军队前往镇压，革命军与清军在汉口展开了激战。清军暂时占据优势，气势汹汹。陈布雷深入分析了革命军和清军的军事形势和战场态势，指出了清军的颓势，宣传革命军必胜的思想。

总之，武昌起义爆发后，年轻的陈布雷“少年意气凌厉”，站在革命立场积极声援起义。他以自己的笔为武器，向腐朽的清政府展开猛烈的进攻。他的文章文笔犀利，像匕首和标枪一样刺向清政府的要害，这对于鼓舞广大军民的斗志，瓦解清军的战斗力起到了一定的作用。由于《天铎报》坚持革命立场，引起了很大的社会反响，创造了发行四千份的业绩。而作为个人，陈布雷也从那一刻起进入历史的视野，被大时代的潮流裹挟着，一路身不由己地往前流淌。

辛亥革命期间，除了这几个在各自舞台亮相的宁波人，还有很多宁波的民族资本家，扮演了不同角色，从某种程度上改变了这个国家和个人的命运。

这些商人参与辛亥革命，为自己在大上海的发展赢得了极好的机会，逐渐形成了一个强大的甬商群体，一度成为他们老乡蒋介石的钱袋子，为蒋早期取得政权提供了财力上的保障。

沙孟海日后也正是通过这些甬商关系进入上海。

三、寡母的力量和作用

沙晓航离世后，他的长子沙孟海把退学的打算告诉了母亲。没想到母亲一口拒绝："不行，一个家庭，总要有一个读书人，不识字，睁眼瞎，不仅什么事也做不成，还要被人家瞧不起，挨一辈子欺负，宁可饿肚子，也要读书。"前朝贡生的女儿陈龄，虽然目不识丁，但见识、胆识不凡，在家庭处于逆境时，她把这种不凡发挥到了极致，甚至充满独裁的味道。

陈龄紧急组织召开了一次家庭会议，与会者除了大大小小、懂事与不懂事的五个孩子，还邀请了孩子们的舅舅陈国华。在农村的叙事法则中，这意味着规格的提高，同时也寓意着在倡导公正，并能在会后监督执行。主持会议的陈龄首先发言："我和大家商量一下，现在我们家庭困难，没有力量供你们都去读书，只好培养你大哥一人外出读书，其他人在家里边读书边种田。你们有什么意见？"

对母亲言简意赅的发言，沙孟海的几个弟弟都表示赞同。但沙孟海过意不去，他抗争说："这不公平，我是家里的老大，应该由我挑起家庭的担子，说什么也要让弟弟们读书。"

对大儿子的意见，母亲似乎早有预见，她不容置疑地说："不行，老大已有基础，而且乡亲们都说孟海日后必能成才。就这样定了，由我做主。"

眼看家庭会议成了形式主义，成了陈龄的一言堂，对于态度坚决的母亲，沙孟海拗不过，只好退而求其次，提出了一个折中的办法："那么，我还是在家乡读书吧，这样还可以照顾到家里。"

并不识字的母亲毫无通融余地："要读书，就到外面大地方去，可以开开眼界，见见世面。只有找到好的学校，好的老师，才能成大器。"

陈龄一面让沙孟海继续在本村的梅溪小学读书，一面梳理自己有限的社会关系，希望利用这些关系能让大儿子去更好的地方读书。

陈龄想起姻丈谢缄三正在庄桥集成小学当校长，干兰卿姻丈则在该校任教，便请弟弟陈国华写信给谢、干两先生，商洽沙孟海去集成小学读书事宜。

集成小学由私人集资兴建，为当时庄桥镇的第一所小学，是庄桥中心小学的前身。

谢缄三先生是鄞县名士，博学多才，热心公益，作风廉正。1915年，他应钱业巨子秦润卿先生之聘到慈城古镇担任普迪小学的首任校长。普迪小学是免费的平民学校，是具有里程碑意义的宁波近代新式教育的载体。谢缄三校长聘名师，增设备，引入现代科学，提出全新教育标准。学校开设了运动场、专门音乐教室和礼堂，注重基础英语和计算科目教学。几年后，学校长足发展，社会声誉日高，成为当时浙东著名的小学之一。

谢缄三先生收到沙家的信后，回复同意沙孟海第二年春节后前去就读，插入高小二年级。14岁的沙孟海，便由舅舅领着去庄桥。宁波到庄桥火车直达，只需一站，交通方便，而交给至亲，陈龄也放心。

大概这个时候，沙氏沙村一族，除了沙孟海兄弟五人——被后世称为“沙氏五杰”之外，又一个不世出的艺术家——沙耆出生。他是沙晓航生前的小跟班、老三房——泰贵房一支沙松寿的儿子。

不管从什么角度和立场评判蒋介石的一生，都可谓是众说纷纭，但提到他在溪口的成长岁月，几乎可以轻易地达成一致——一个顽劣的小镇少年。这样的少年，不管在什么时代都会有，他们最容易成为社会的“毒瘤”——流氓，不务正业者，不过他们的影响力大抵也就限于小镇方圆几公里。

如果没有蒋介石的寡母王采玉，蒋介石可能一生都是“瑞元无赖”。

王采玉，奉化隔壁嵊州人，幼承父教，聪明伶俐，精于女红，深得慈爱；待字闺中时，其父因不事生产，家道中落；初为人妻时，子夭夫亡，落得“克夫克子”的恶名，而不得不凄然出家修行；23岁时，带发尼姑王采玉还俗再醮，做了45岁的溪口玉泰盐铺蒋肇聪的继室，当了老板娘。1887年，王采玉生下蒋介石，后又生女儿瑞莲、瑞菊，幼子瑞青。1895年夏天，溪口发生瘟疫，蒋肇聪染病，抛下店务和妻子儿女一命呜呼。从此，治家理店、抚儿育女的重担全部落到王采玉肩上。不幸的是，自夫亡分家后的4年内，王采玉的小女瑞菊、幼子瑞青相继夭折。而此时的长子，正背着“无赖”的恶名，连蒋介石自己也承认，在他自撰的《先妣王太夫人事略》中说：“中正幼多疾病，且常危贻，及痊愈则又嬉戏跳跃，凡水火刀枪之伤，遭害非一，以此倍增慈母之劳。”

两度“子夭夫亡”的王采玉到底不是祥林嫂，一面哀叹，一面走上了死亡的道路。越是面对不幸的人生，王采玉培育蒋介石成大器的决心弥坚。她给青春期的蒋介石娶妻，为培育儿子成材煞费苦心，特把新媳妇送到奉化县城的女校读书，让她学文化，将来也可相夫立业。

蒋介石19岁时，家中发生了一桩意外：当时的清朝政府，为应付财政困境，把各地无主滞纳的田赋，摊派到甲首（首富）和中户，由他们代交。蒋介石家也是被摊派的人家之一。一些狡猾的富户与征收田赋的官吏勾结，欺侮蒋家孤儿寡母，摊派得特别多。王采玉不堪负担，据理力争，差役就把蒋介石捆拘到县衙关押，勒令交纳后方释放。

蒋介石回到家中，母子见面痛哭。王采玉认为这是奇耻大辱，愤恨贪官污吏的苛虐和土豪劣绅的横暴，借此事勉励儿子发愤上进，将来做出有利于国民的事业出人头地，为自己扬眉吐气。

当时反清的革命运动已风起云涌，很多有志之士出国留学。不久，蒋介石自己剪去发辫，决心出洋学军事。这个举动被一些亲朋好友得知，认为是大逆不道，并极力劝阻。王采玉尽管也有难舍儿子远离之情，却很赞成男儿志在四方，毅然为儿子措资整装。

正是这份恒久的决绝之心，一个“无赖”成材了。

虽然隔得不远，但陈龄肯定不知道蒋母的教子故事。可这两个浙东的寡妇，在教育观上殊途同归：她们一样心志弥坚，制订儿子的教育规划时一样舍近求远，追求一步到位，绝不改弦易张，或可以将就。

这让人不由得赞叹，这些身在山村的文盲，怎么心里怀着整个天下啊。

多年以后，沙孟海写了《忆母亲——陈龄》，对母亲的感激、思念无以言表。正是她的决定，使得沙孟海成为一个真正的读书人，在风雨飘摇的时代，不仅撑起了一个家庭，更像一把保护伞，和母亲一起护佑着四个弟弟和整个家族。

四、负笈到城中

在庄桥集成小学读了半年，放暑假回家，沙孟海和母亲商量，打算报考五年制（预科一年，本科四年）的浙江省立第四师范学校。省立第四师范设在宁波，打动沙孟海的是，师范学校不收学费，只收一半的膳食费，毕业以后也能方便找到工作。

这一次，母亲陈龄答应了儿子的要求。

暑假期间，沙孟海去宁波投考，一直学习优良的他，不出意外地被录取了。

这期间，注重学习的沙孟海，虽然无人督促，但并未放弃书法，他始终按照父亲生前的布置自觉临习《集王羲之书圣教序》，并习小楷手抄《修身教科书》。他给自己定了一个规则：抄书时不可抄错一字，如抄错一字，不许点改，只能整页撕掉重抄，严格磨炼整饬之功。

1914年秋天，沙孟海进入了省立第四师范学校，第一年是预科，学习抓得很紧，每课都能取得良好的成绩。第二年，15岁的沙孟海顺利进入本科一年级。

这一年的年底，又发生了一件人生中的大事。

大概是两世单传的阴影，即使有了五个男孩，还是希望早一点后继有人；另一方面是家里只有两个寡母，实在也需要有人协助料理家事。陈龄竟然想到了为沙孟海娶妻。在现代人看来15岁结婚匪夷所思，但在一百多年前的沙村，虽然早了点，也不足为奇。经媒人介绍，离沙村二十五华里的大咸乡咸祥镇贫农朱松盛的长女、大沙孟海两岁的朱懋襄（梅香）同意嫁入沙家为长媳。

一个15岁，一个17岁，我们现在很难去揣摩他们的内心在想什么，但可以想象沙孟海并不是十分情愿。不过母亲的意愿，他不能违背，被摆布着进了洞房。好在他可以继续在宁波读书。

度过了前两年的刻苦学习阶段，进入了三年级，一生转益多师的沙孟海碰到了他的两个本师之一——冯幵（君木），开启了14年的师生之缘。

冯幵，宁波慈溪人，字君木，原名鸿墀，字阶青，号木公，又号回风，取其书室为回风堂。这是一个非常厉害又非常低调的人，低调得说出他的弟子、朋友，都会觉得如雷贯耳，但对他的名字大家还是一脸茫然。其人精通经史词章，文采极佳，是民国初年与章太炎、马一浮等齐名的国学家。吴昌硕和词人况蕙风都曾留下遗言，去世后要求请冯幵来撰写墓志铭。

冯氏家族，是慈溪世家望族。家族中出过不少高官显宦、儒林名流，“历魏晋隋唐，代不乏人，或以殉难捐躯，或以功施社稷，或以博学文翰，或以保全生灵”。直到现代，冯氏家族中仍有不少品性优秀、学识渊博、声望卓著的人物。冯幵（君木）和他的几位子侄，堪称这方面的代表。

冯君木出生前，他的曾祖父和祖父都是清朝候补典史。1873年，冯君木在慈城出生。不久，父亲去世，由母亲俞氏养育成人。他生性聪慧，读书用功。光绪十八年（1892），20岁时考取秀才，光绪二十三年（1897）丁酉科选拔贡生，朝考列为二等。依照惯例，他可以外任知县，但晚清政治腐败不堪，冯君木无意仕进，在吏部询问时，他表示愿就教职，翌年即赴浙江丽水任县学训导，一年后升宣平县学教谕。

冯君木此时已认识到呆板的旧式教育不合乎时代的需要，失去了在旧式学府任教的兴趣，更无意往升官发财的道路上走，就称病不去，退隐慈城老家。他或埋首书斋，校释典籍，吟诗作画；或与文朋诗友煮酒论茶，行山观水，与文友应悔复[①]（叔申）、陈训正[②]（天婴）、洪佛矢[③]（允祥），年龄相近，情趣相投，互有酬唱，时人誉之为“慈溪四才子”。鄞县名宿张让三[④]曾为之作《溪上诗人三病夫一狂夫歌》，有序云：“戊申（1908年）十月，由赣回甬，溪上陈子天婴示予以君木《应悔复诗序》，文甚奇。三君皆善病，故号病夫，读其诗尤奇。余谓溪上尚有狂夫，则洪子佛矢是。其文奇诗奇人奇，与三病夫同也，久不见四君，歌以讯之。”其诗曰：“江关独客无于喁，跫然足音三病夫。病夫善病诗不病，况有狂夫狂与竞。一灯如萤闪帘角，玦月幽幽鸡喔喔。山中困卧冯君木，楼上苦吟应悔复。九死一生陈天婴，闻鬼夜哭啾啾声。三人战诗与病鏖，诗伯睒睗鬼伯逃。斯时佛矢忽大笑，谓汝病呻我狂叫。何当斗酒诗百篇，三病一狂其可疗。倘许中间着蹇翁，将来犹入图画中。迷阳却曲伤吾行，

① 即应启墀（1872—1914），字叔申，慈溪人，天禀迢踔，十岁能属文，有俊童之誉。年十七八，即以文章著闻州里。后以县学廪贡生就职训导。

② 陈训正（1872—1943），字屺怀，近代教育家、文学家。曾任浙江省政府委员、杭州市市长、西湖博物馆馆长、浙江省参议会议长。

③ 即洪允祥（1874—1933），字兆麟，号樵舲，署名佛矢，近代书法家、爱国诗人、文学家。

④ 即张美翊（1856—1924），字让三，晚号蹇叟，鄞县人，早年随宁绍台道薛福成出使英法意比四国达5年之久。20世纪初任南洋公学（交通大学前身）总理。辛亥革命后任宁波教育会会长，晚年任宁波旅沪同乡会会长，著有《绿绮阁诗文集》。

老夫躄躄走且僵。”

虽然偏处浙东一隅，诗中三病夫、一狂夫均非池中之物，道德文章堪为国人楷模。张美翊是学者型官员，更是当时难得具有国际视野的文人。从诗中可以看出小县城里的四个才子放浪形骸，狷狂耿介，声气相通，直追竹林七贤。

这五个人中，除了应启墀在沙孟海入读省立第四师范那年病故，其他四人或直接或间接都与他发生了深远的交集。

冯君木年满三十之际，时值国势衰微、虎龙争霸的世纪转折点，许多英雄磨刀霍霍，也有不少士人趁乱暂时隐退。冯君木索性立志专心学问，与当地有名学者陈镜塘、陈训正等人创办“剡社”，读书练字，修身养性，以收徒教书维持一家生计。

冯君木指导后生学习，注意立品，认为有人品然后有文品，又常说：“古人以读书为文，今人以读文为本。”要求学生多读书，有实学，然后文采可观。在治学上，冯君木没有门户之见。旧时代极讲究诗文的流派与格调，差一字不得。当时全国文坛，桐城派古文一统天下，只有少数文人，服膺江都汪中，喜欢不骈不散的魏晋体。两派分道扬镳，或者互相诟病，冯君木推崇汪中，属于少数派，但他对一些笃好桐城的同事，如镇海虞含章[1]（辉祖）、鄞县张于相（原炜）并不排斥，经常出所作互相观摩，取长补短。这在当时是非常难得的。

1904年，冯君木受聘进入知名教育人士钱吟苇兴办的慈溪中学堂，任国文教师。此时，冯君木的“剡社”同仁陈训正的从弟

① 虞辉祖（1864—1921），字含章，别署寒庄，镇海人。

陈布雷，年方14岁，是他课堂里的一名普通学生。一次，冯君木批改完陈布雷的作文后对他说：“训恩，我今天送你七个字——‘文从字顺各率职’。知此七字，乃始可以学文。”陈布雷悟性不差，很快领会。冯君木于是嘱咐陈布雷，以后每天放了学，还可以到他家玩。从此，陈布雷成了冯家“回风堂”的常客。

辛亥革命次年，宁波成立同盟会支部，22岁的陈布雷被正式吸收为同盟会会员。在成立大会上，陈布雷与人激烈辩论，被人讥讽：“志趣卑下，好尚空谈。”冯君木知道这件事后，把陈布雷拉到家里，训诫他说：“少年时炫露才华，只自形其浅薄。”这一年，冯君木还对陈布雷的未来预言并千叮万嘱，劝他不可奔走政治，理由是以他的身体之弱，若为政治事务勾心斗角，劳力伤神，恐怕其寿不永。

冯君木在慈溪中学堂教书时间并不长，未几，就被聘为省立第四师范学校国文老师。

五、斯翁而下一小生

在冯君木的影响下，省立第四师范三年级学生沙孟海开始立志攻读古典文学。正是这一立志，他对学校里的一般课程就变得只是应付而已，独于文史方面，自订《自学课程》，攻读《左传》《礼记》《说文解字》注及韩愈、柳宗元、归有光、姚鼐等各家文集。

儒家有儒学十三经，是儒家文化的基本著作，其中就包含《左传》《礼记》。前者和《公羊传》《谷梁传》属于《春秋经》之“传”，后者和《孝经》《论语》《孟子》均为“记”；

《说文》即《说文解字》，是古代汉族文字学著作。段氏为清乾嘉学派主要代表戴震的大弟子段玉裁，他穷三十年之功完成《说文解字注》30卷。

并称为韩柳的韩愈、柳宗元，是唐晚期古文运动的代表，以他们为首的文学家，首先在内容上进行革新，变南朝言之无物专事涂泽的文风改为有内容、有思想的文风；其次是形式上的革新，变南朝讲究骈俪、讲究声律的技巧，改为直言散行接近口语的作品。总之重在“变浮靡为雅正”，但实质上只对形式进行了创新而已，具有非常强的局限性。更有意思的是，沙孟海选择的归有光，是上承唐宋、下启清代的明朝散文大家，尤善以家庭琐事寄托真情，被誉为“明文第一”。桐城派巨子姚鼐把归有光视为唐宋八大家和桐城派之间的一座桥梁。

从沙孟海的《自学课程》可以看出，古文学习有体系性的计划，表明他已经开始受到了冯君木的指导。一是遇到了名师，一是出于自身的兴趣，沙孟海的自学也非常注重方法，他备了红笔，在自修时不断伏案阅读圈点，一度被同学戏称为在画“泥螺壳”。

碰巧，沙孟海还与冯君木的外甥葛旸①、族侄冯定②是同学，他们不时陪沙孟海一起到宝兴巷冯君木家里看望、求教，不久认识了就读于效实中学的冯君木长子冯都良③，他们志趣相投，很快成了好朋友，彼此交往甚多。

---

① 葛旸（1900—？），字夷之、夷父、夷谷，善书法，为民国时宁波名家。

② 冯定（1902—1983），笔名贝叶，慈溪孝中镇（今江北区慈城镇）人。

③ 冯都良（1901—1977），原名喜孙，后改名贞胥，冯君木先生长子。

沙孟海在沙村或者周边的学校上学时，一方面是地处僻壤，一方面是年纪小，无法形成自己的社会关系。到了宁波后，自认识冯君木老师的子侄后，他的朋友圈里的好友一下子增加了。随后，他又认识了冯先生的老侄、著名藏书家冯孟颛[1]及在冯孟颛家中担任家庭教师的著名书法家钱太希[2]等人。

阅读量的增加，交往层次的提高，自然带来审美的提升。虽幼承庭训，早习篆法，在父亲指授下“日临数纸，从不中辍”，即使沙晓航离世已有几年，但一日未曾松懈。平时也颇为自得的沙孟海见到朋友中有写《郑文公碑》《瘗鹤铭》诸体，笔力矫健，突然发现自己笔力软弱，与自己认可的前辈书法家比较，缺少劲峭嶒崚之风骨。

这样的发现，很容易带来怀疑，怀疑自己缺少书法方面的才华，沙孟海想到了放弃，心里想干脆就跟着冯君木老师，安安心心做一个安静的读书人。

连字都写不好，凭什么就能读好书。不甘、绝望的沙孟海陷入了自我虚无主义，他痛苦地徘徊着、思考着。《集王羲之书圣教序》，这明明是前人穿越几百年去书写后人文章，为了实现这

① 冯孟颛（1886—1962），名贞群，字孟颛，一字曼孺，号伏跗居士。其藏书室由冯君木命名“伏跗室”（“伏跗”原出于《文选》，王延寿《鲁灵光殿赋》中有“狡兔跧伏于柎（跗）侧”之句，“柎”与“跗”通，脚背也，形容活动范围小也。意为“伏处乡里不求显，而致力于学”）。

② 钱罕（1882—1950），字太希，近代书法家、小学家。毕业于上海复旦大学。曾从章太炎先生共研小学，章太炎先生与冯君木先生誉他为“活字典”，冷僻俚语，能不假思索，都能获解。从梅调鼎先生学书法。钱太希先生博采汉晋、南北朝、隋、唐诸书法家众长，又受晚清崇尚碑学之风影响而致力碑学，又崇晋王楷书。故落笔挥洒，跌宕自如，婀娜多姿。近代金石书画泰斗赵叔孺称其字“天资卓绝，下笔幽雅，无时下之俗”。沙孟海投于其门下，获受教益，称其师“碑志文字，每石皆有特色，古今书法家殆无第二手”。

个荒诞的事情，怀仁和尚用了24年把前人的笔画一个个拆解、重组，通过无数次实验、比较，才得到完美的结果，这样的结果就是前人真的回来，让他自己来写，也未必能达到。凭什么一个不到二十岁的年轻人，就要写得气势磅礴、骨肉丰满？

这《集王羲之书圣教序》是个“邪物”，肯定被下了魔咒，它只能被模仿，不能被超越，它不是王羲之个人创作的神来之笔，但它是被塑造、被膜拜、被敬仰的神作。

如果真的这样，那还写什么字，天天躺在床上看看帖就可以了。个性中倔强、不肯认输的一面渐渐占据了上风。沙孟海开始梳理自王羲之开始，历史上很多大书法家成功的道路，得出了结论：书法、读书确实都需要禀赋，但有一样比禀赋更为重要，那就是毅力，即永不放弃的决心。当然毅力不是蛮干，不是一味地像以前那样苦练，还要找到合适的方法。

一束光，就这样照亮了17岁青年的内心，尽管这个青年已经临池近十年，在启蒙老师——父亲去世后，他可是一直凭着勇气在孤独前行。

沙孟海无师自通地想到了“功夫在诗外”的道理。他暂时放下真、行书临习，转而专学篆书，天天临《峄山刻石》《会稽刻石》、杨沂孙[①]《说文部首》及吴大澂[②]大篆《孝经》《论语》等。

《峄山刻石》，亦称《峄山石刻》《峄山碑》《峄山铭》。原碑秦始皇二十八年（前219）立，传为秦相李斯所书。石高218

① 杨沂孙（1812或1813—1881），清代晚期著名书法家。

② 吴大澂（1835—1902），著名学者、金石学家、书画家。

厘米，宽84厘米。由于年代久远，加之战乱，原石被野火焚毁。从后世所见的复刻本中可以看出，李斯运笔坚劲畅达，线条圆润，结构匀称，点画粗细均匀，既具图案之美，又有飞动之势，成为后世临摹学书之佳作。

《会稽刻石》是秦始皇于公元前210年巡狩会稽山时，李斯奉命为文颂秦德、罪六国、明法规、正风俗，亲自以小篆书写，刻石立碑。就在回归途中，“千古一帝”秦始皇病死在沙丘（今河北广宗西北）。这篇文章在文体上属于铭文，四字一句，三句一韵，庄重凝练，是铭文文体的代表作。刻石风格似《峄山碑》，笔致工整，结体规格化，是掌握小篆结构的重要资料。

杨沂孙是晚清书写篆书较著名的一位书法家，《清史稿》称他“耽书法，尤致力于篆、籀，篆隶宗邓石如，而多自得”。他所书《说文部首》可称是篆书中的鸿篇巨制，通篇气韵畅通，用笔多参以大篆笔意，结体以小篆成之，融大篆与小篆于一体。

吴大澄书法以篆书最为著名。他开始学秦代小篆刻石，书法酷似李阳冰。后受杨沂孙的启示，将小篆与金文相结合，并用这种方法书写《论语》《孝经》以及信札。他的篆书大小参差、渊雅朴茂，在当时是一种创造。

沙孟海幼承庭训，筑基之始就日课篆书，而在父亲离世后，反而遵遗训临习楷书更多。这个阶段回头重新拾起，选择这两个刻本进行临习，自然是沙孟海用心良苦，他希望上溯到源头，探究篆书的精要。同样，选择杨沂孙、吴大澄书法也是精心选择的，此两人对于他算是近人，可以和2000年前的古人遥相呼应，并观察篆书的千年流变。

功夫不负有心人，经过一番苦练，沙孟海的篆书在甬上逐渐有了名声。有一天，同学发现沙孟海的篆书联在老城隍庙出售。沙孟海一听就愣了，连忙赶到老城隍庙，确实看到有署着他大名的一副屏挂着在卖。初以为是哪位同学手中流出，细细一看，是冒牌的，便去打问，得悉摊主也是为了生计，就也没有追究。

沙孟海其时不属名家，有人仿之，实属难得，从另一个角度说明他的书法已经得到了市场的认可。同时也表明，在20世纪初期，宁波经济向好，即使在民间，书画市场具有一定的繁荣度。

篆书之外，沙孟海的小楷训练也取得重大的进步，抄录的元代吾丘衍《三十五举》与清代桂馥《续三十五举》，字字端庄，笔笔秀逸，已颇具气候。

在这样的精进基础上，沙孟海的内心一扫“笔力软弱”之阴霾，感受到的喜悦无疑是丰盈的，于是极为难得地发了一会少年狂，在1918年，也就是18岁那年寒假回沙村时，写了一副春联。

大江之濆，曰有怪物；

斯翁而下，直到小生。

这是集句联。“大江之濆，曰有怪物”出自“文起八代之衰”的“文章巨公”——韩愈，那是他进士出身参加博学宏词科考试时，写给当政者韦舍人的自荐信。第一段云：“月日，愈再拜：天池之滨，大江之濆，曰：有怪物焉，盖非常鳞凡介之品汇匹俦也。其得水，变化风雨，上下于天不难也。”翻译成现在的话，就是说：“某月某日，韩愈再拜（书信用语，表示自谦）：

天池的边上，大江的水边，传说：有怪物存在，大概不是平常鱼类水兽等动物可以比得上的。它得了水，就能呼风唤雨，上天下地都很容易。”

“斯翁而下，直到小生”则是“一代大作手”李阳冰句。李阳冰，约生于开元九或十年（721—722），卒于贞元初年（785—787），字少温，祖籍赵郡（今河北省赵县），后迁居云阳（今陕西泾阳），遂称京兆人。

李阳冰在唐代书名极盛，时人尝誉之为“笔虎”“苍颉后身”，称其为“李斯之后，一人而已”。李阳冰本人亦自视极高，曾自负地自谓：“天之未丧斯文也，故小子得秀籀之宗旨。”“斯翁之后，直到小生，曹嘉、蔡邕，不足言也。”

这样一副对联，虽是集句，非沙孟海所创，但写照的是他的精神。此联隐含李斯、韩愈、李阳冰，这三人道德文章一流，两李在篆书界也堪为一时瑜亮，一为开创者，一为中兴者。这可以表明，首先在沙孟海的心中，文章是第一等事，文以载道，立言立德。故上联写的是韩愈之句，潜龙在渊，等待跃过龙门一飞冲天。下联写的是李阳冰，实则是对李不以为然，或大有取而代之之心。这种种心境，以沙孟海内敛稳重的个性，实则算是表露得狂妄至极。

客观而言，沙孟海自真、行书入篆后，书风一变，进入了一个新的境界。同时，沙孟海还广撷博取，注重对“北碑”的学习。现今尚存的沙家故居屋后围墙上的“养云”砖刻，便是这一时期学习北碑书法的代表。注重碑版书法学习，并参悟前人用笔，融碑、帖于一体，不仅是沙孟海取法变化的结果，也为其日后的书法创作奠定了风格基调。

因此，无论在当时，还是日后取得的成就足可印证，沙孟海有狂的资格，他只不过是讲了两句实话而已。冯君木后来在日记中见到此联，知道这个学生志存高远，更加激赏。

养云

换个角度讲，这个时期的沙孟海，对日后的目标已经有了清晰的概念。一旦定下来，按照他的个性，他将为此奋斗、进取，从而不断实现，不断超越自我。

六、他日又一朱炎父

写下那副著名的集句联，虽年仅18周岁，但已经是一个女孩父亲的沙孟海，过完春节回到了宁波。他明显感觉到，无论是在书法上，还是文学上，似乎都已经获得了某种自由，显得更为放松了。

课余，沙孟海常常在校内操场的沙地上以竹竿画写大字。有时他用很长的竹竿写出和房子差不多大的字，写完，站到高处观察，细细揣摩字的点画结构。这样往往为了写好一个字，需要花大半天时间，并且这还是体力活，沙孟海形象地戏称为“笔耕”。这笔耕，充满趣味性，当时多少有些游戏成分在里面，但实际作用却惊人，既能锻炼体力，又能控制字的整体空间结构，收到在案头书写时难以感受到的神奇效果。这有意无意地为沙孟海以后写大字打下了良好的基础，擅长写“擘窠大字”成为他的独门绝技之一。

沙孟海的独门绝技自然不止一种。18岁这年，有一次沙孟海回沙村，邻村有人请他写篆文屏风《李氏祠堂记》（杨霁园撰文）。篆文毕竟非常用文字，笔画繁复，平时临习一般都要不时瞄一眼字帖。手边无参考书，而要将一篇时人所作的文字用篆文写出来，无疑是一件不太可能实现的事。这虽是实情，但一时也和乡亲说不清楚，沙孟海便推辞。主人家难得逮到这么好的机会，以为是沙孟海年轻谦虚，便坚请。他推不过，只好提笔。提起笔来，竟然一气呵成，经过检视，通篇无一错字，这一方面得益于勤练篆书之功，另一方面也是多年一丝不苟写小楷而习得的整饬之果。

11岁时，识得“中华民国军政府鄂省大都督之印”，在锦堂学校一时惊为天人，仔细分析，不过是沙孟海家学渊源，由于父亲的启蒙和自己的兴趣，才一鸣惊人。仅仅过了七年，竟能将一千余字的《李氏祠堂记》用篆书写就，让老辈大为惊异并赞为“书文双辉”，这绝非可以讨巧。

沙孟海的书名在甬中大地不胫而走，鄞县、奉化一带书法爱好者，多有上门求书者，或楹联或匾额或春联，端方忠厚的沙孟海几乎来者不拒，有求必应，凭着自己年轻体力好，经常日夜赶写，完成应酬。

虽然消耗了很多精力，沙孟海在文学上丝毫没有松懈。尝有习作《书嘉善赵烈女事》：

共和七年六月，嘉善赵氏女子，年十八，殉名死，两浙人士哀之，称赵烈女云。烈女，县之西塘镇人，丧母，父病痫，育于祖，祖爱之，忘其女子。祖妾朱有女甥嵇，随朱居赵氏，嫉女甚，时时挟朱构之。祖入朱言，渐疏女。一日，嵇复笞女侍婢，女诉朱，朱反逐女出门。女走，依其叔父母。女弟某窥女意不乐，要之之城中。将返，缓失舟。暮矣，叔父望二女不至，亟使具舟载以归。会有邻女私逃，事觉，传者讹为女。朱耳之喜，告祖，祖疑焉。召女至，将诘之。朱斥勿使近，曰："谁不而知，犹喋喋为！"女痛绝，返室徘徊焉，作而曰："女子所贵者何？名污矣，焉用生。"即作书遗其叔父及受聘夫，且书且泣，泪涔涔滴案上，纸几不可字。书竟，收泪起，顾婢在侧，付之书，且诏之曰："吾行矣，半日后乃可声，毋败我事。"遂出，赴祥符荡死。烈女性颖慧，雕绣纂组靡勿精。又嗜书，尝治《内则》《列女传》，晨暮勿懈，於乎，是又无足称已！烈女名文瑛，字慎如。字同县柯维坤。

冯君木看到此文，颇为赏识，在《致吴希韩书》中写道："右为敝徒沙生作。沙生年甚少，好古能文章，他日又一朱炎父也。文学虽若无用，然无用之用，其潜势正复甚大。吾甬人骛于事功，诗文一道，将成绝响，英绝领袖，望之斯人。霜降木落，得此差足自慰，非欲阿其所好也。"

朱炎父，即朱威明，字炎复，浙江慈溪人，文宗汉魏，多才，是冯君木喜欢的弟子，拿沙孟海与之相比，既是爱护、嘉奖，亦是满怀期许。可以说，其时虽然有溢美之意，但也体现出冯君木对沙孟海看得何其准、评价何其高。从日后成就来看，无论文章、书法，沙孟海远在朱炎父之上，冯君木当时或有想到，但想不到的是超出同侪如此之多。

七、五四运动背景下的盘诘集

在冯君木的鼓励下，对于虽若无用的文学，沙孟海兴致大增，在宁波日久，再无“山村孤童子”的孤独心理。

生性并不喜欢热闹的沙孟海，是年19岁，毕竟青年心性，开始广交文友，他与慈溪冯都良、葛夷谷、陈行叔[①]（训慈），奉化俞子怡（亢）、周公延[②]（覃）、孙雁臣（礼诚），定海毛无止[③]（起）等俊彦，组织了“越风社”，不时聚会研讨诗文心得，观摩彼此诗文创作。社友俞亢在《怀越风社诸子》的五言古诗中，是这样描述当时求学的沙孟海的：

孟海绝外慕，力学探其出。置身人海中，尘嚣不挂眼。
席间方丈地，凌杂简编满。低首诵经史，冥心事述撰。
客来畏酬应，口讷言为赧。起立小徘徊，逾阈觉已远。
傥能学辟谷，终岁宁不饭。生事殊难了，天明又恨晚。
身闲心则劳，忧子不知反。致书屡相规，呜呼奈子懒。

① 陈训慈（1901—1991），字叔谅，慈溪官桥村（今属余姚三七市镇）人。
② 周覃，生卒年不详，《武岭蒋氏宗谱》编纂。
③ 毛起（1899—1961），字无止，浙江定海人。

好一个孜孜不倦、埋首灯卷中废寝忘食的学子。但是，这样的日子暂时要结束了，夏天到了，沙孟海毕业了。在浙江省立第四师范的五年，是生命中学习的黄金时间，作为本职的课堂学习，除了前两年尚属刻苦，后三年基本应付了事。于文学、书学两端，却如海绵吸水，但与海绵不同的是，吸的水都转化为己有，厚积薄发，文名、书名均在甬上鹊起。

1919年5月，沙孟海生命中第二次盛大的政治运动发生了，即五四运动。这次是他的老师，即正执教于宁波省立第四师范和效实中学的冯君木先生走在了前面，和众弟子们一起奋身投入这一伟大的反帝爱国运动。陈训正在给陈布雷的家书中提到："自杭归乡，适遇青岛风潮，甬学生抵制日货甚厉害，近各公司船只已停装日货矣。每日露天演说十数处，不无激励举动。峻明、贞柯等亦极热心，君木更加发狂。"

"发狂"的冯君木，虽然"好古敏求"，耽志经史词章，却绝非"两耳不闻窗外事"的书呆子。在一次宁波全市学生游行示威中，这位瘦怯怯的先生，带头冲到道尹公署门口，亲手将爱国说帖递交给道尹。冯君木亲自推动四师学生组织起来，取名"学生自觉会"；又推动效实学生组织起来，取名"学生自助会"，进而联合全市11个中学成立"宁波学生联合会"，更联系商界，组成"宁波商学联合会"，轰轰烈烈开展斗争。他还用"金口"的笔名，撰写语体评论和小说剧本，供给效实学生自助会的周刊登载，分寄全国各大都市学联会及其他爱国团体。

冯君木和众多学子投身于中的洪流，荡涤、冲刷着内外交困的祖国，更是有形无形地影响着身边的人。

1919年夏，沙孟海受聘至镇海县立高等小学任教，这是他的第一份工作。工作应该不忙，工作之余，他一边埋头读书，一边精研书法。第二年上半年，调入本县梅墟求精小学①任教。

沙孟海十三岁时父亲离世，原想辍学劳作，帮助母亲养家，培养弟弟们成才。不料，他却在母亲的坚持下，被送到“大地方”读书，寒窗数年，终于有了“孩子王”这样一份稳定的工作。此时的他，觉得回报家里的时间到了，便暗暗下定决心，不管有多么困难，吃多少苦，要一个也不能少地让四个弟弟都有书读，都能上好的学校，成为比他更有出息的人。只有这样，才能算得上对父亲有一个交代；只有这样，才能让母亲的决定和弟弟们的牺牲，算是值得的。

中国传统的伦理文化里，有“长兄为父”一说。沙孟海这样的决定首先基于他敦厚、善良、有责任的一面，另一面自然也说明深受传统文化的影响，在身体力行。而从心理的预期上讲，母亲“家中要有读书人”的观念对他影响巨大，他也许期望的是兄弟们都成为读书人。他们本是同父同母所生，是一根藤上的瓜，设计相同的命运轨迹，也未尝不可。

这自然是沙孟海理想化的一厢情愿，而不管事前抑或事后，他的这个决定，也永远无法去评判对与错，但客观上改变了四个弟弟的命运，甚至导致文求、文度早早离开了世界。借由他们的

① 清光绪三十四年（1908），由宁波帮知名人士谢天锡出资在梅墟西方寺原址建造，1951年由人民政府接管，更名为梅墟乡中心小学。

改变，又多多少少改变了现代历史，改变了无数家庭的命运。

征得母亲的同意后，沙孟海首先将二弟沙文求带出了沙村。

沙文求小沙孟海四岁，那时已经十五岁，和大哥沙孟海的温文尔雅不同，他个性刚强，尚义好勇，爱读经史兵书。在沙村的儿童游戏性械斗中，他必取胜而后止。在村中小学读书时，旧习惯小学生要用纸盒做孔圣殿，他也做，但他不供孔夫子，供的却是荆轲、聂政等刺客的图像，这是他对具有自己个性爱好、具备反叛精神的初步体现。十二三岁时，村中有人被相距五里外的邻村人侮辱，沙文求不胜义愤，召集同村壮年数人赶去保护。上五年级后，因经济困难，为给大哥上学让路，他辍学在家务农已经两年，平日精练少林拳，喜读孙吴诸子、戚继光等兵家之书，英雄主义思想相当浓厚，时时幻想着将来能走出大山，去做一番轰轰烈烈的大事。文求经常注意所接触到的人，认为是有作为的人就记入他自制的小本子，并且策划着想组织一个团体，把这些志同道合的人纠集在一起，为实现一个共同的目标去努力。

沙孟海利用自己在梅墟求精小学任教之便，将二弟插入了高小二年级读书。学期满了以后，沙孟海指导二弟考入了虽然费用较贵但教育质量很好的宁波效实中学。按照沙孟海的设计，下一步是让文求考上大学去深造。

1912 年，由于宁波六县小学毕业生增多，公立第四中学办学也不完善，其他私立中学又都是外国教会所办，意在传教，学科均不充实，所以有办一所完美中学的必要。陈训正、赵家荪、赵家艺、钱保杭、李霞城、陈谦夫、蔡琴孙等成立效实学会，公推李霞城（号镜第）为学会会长，聘陈季屏为校长，何旋卿、叶叔眉、何吟苢、陈布雷、冯威博等为教师，借西门口的育德农工小学堂地址创办效实中学。效实之名，语出严复所译的赫胥黎《天演论》中“物竞天择、效实储能”句，取“择效于实，期在可行”之意。效实中学日后成为宁波名校，培养了许多优秀的人才。

随着沙文求考入效实中学，沙孟海也进一步进入了效实的朋友圈。1920年暑假，沙孟海和冯都良、徐公起（可熛）、陈行叔、俞子怡、葛夷谷同住在效实中学，同习文史，并请冯君木、陈屺怀（训正）、张于相（原炜）①等前辈前来指导。对于这个自发而成的纯粹的学习组织，前辈师长非常乐意前来上课。其时，钱仲济（保杭）②、陈布雷两位也曾来短住，与他的师弟辈们结下了亦师亦友的情谊。

陈氏一门三人，陈屺怀、陈行叔、陈布雷与沙孟海或师或友，均源出冯君木。对其影响尤以陈布雷为最大，两人虽属同门，但毕竟陈布雷年长沙孟海10岁，前者于文字一端也属不世出的人才，沙孟海心中对之自然有敬重、敬畏心。他们的交往，应从那个时期开始，时陈布雷常往返于沪甬之间，与冯君木过从甚密，对于老师新的得意弟子沙孟海，陈自会更多关注。

陈、沙二人同门不同命，虽是造化弄人，也实属天命。

① 张原炜（1880—1950），字于相，号悦庭、葑里老人。文章尔雅，书法入欧虞。当时，凡甬属名人的寿幛、墓志、地方建筑、碑碣等多有他的手笔。著有《葑里剩稿》4卷54篇，沙孟海题写书名。

② 钱保杭（1877—1922），字仲济，慈城镇人。

大约40天的“雅集”结束了，因效实中学地处宁波城西般吉巷，故称之为“般吉集”。陈屺怀先生有诗记其盛事，并编入他的《天婴室丛稿》。

根据沙茂世先生编撰《沙孟海先生年谱》第八页，“因效实中学校址在宁波城西般吉巷”，故称之为“般吉集”。

据《陈布雷回忆录》：“逐约集同人为效实学会，假育德小学为校舍……”

首先可以确定效实中学创办之始借了育德小学校舍是确凿的事情。

周克任所作《陈屺怀轶事三则》“为‘堕民’脱籍”云：“‘堕民’又称‘贱民’，是旧时浙东宁绍地区的一种特殊阶层，散居于城乡各处。在宁波，较为集中地聚居于西门盘诘坊。在乡间，大多以祠堂、庙宇为安身之地，所谋职业都是当时人所不齿的体力劳动，男人一般厕身于抬轿、剃头、吹打等，女人多从役于绞面（光妇女脸部汗腺毛）、伴娘（喜庆时伴护新娘，俗称‘送娘子’）等，他们对人的称谓为‘老爷’、‘太太’之类，持身十分自卑，世代相袭，不以为意。陈屺怀欲为‘堕民’脱籍，几经酝酿，相约鄞县人卢鸿沧于盘诘坊创立育德农工学堂，陈任校长，卢出款任董事。”

从上文可以明确看出，育德小学在盘诘坊，而非般吉巷。

另据冯乃嘉（当时任效实中学事务主任）1945年12月所撰《效实中学简史》之《（二）校舍及各项建筑》：“（1931年）四月改建大门，又移筑厨房于膳厅北方，并就盥洗室改建浴室，同年毕业同学为本校二十周年纪念捐款修建盘诘坊道路，自西门起至老郎殿止，定名为效实同学纪念路……”

综上所述，《沙孟海先生年谱》所提及的“般吉巷”可能为“盘诘坊”所误。

不管是般吉集还是盘诘集，总之是通过这次雅集，沙孟海在获取知识的同时，更感到了国学的渊深博大。他希望这样的活动不要结束，能有继续学习、交流的机会。这时的沙孟海，有固定的工资收入，还有一定的稿费和润笔费，对于一个初涉社会的年轻人来说，每一笔都是重要的收入，是养家糊口之资，也是他希望带着四个弟弟出山的教育基金。饶是如此，他还是冒出了一个冒险而激进的想法——辞职。

沙孟海带着强烈的辞职念头找到了冯君木，他渴望能随侍左右，能时时请益，继续在学问的道路上前行。

冯君木深知爱徒的家庭状况，竟然答应了沙孟海的请求，因为他更能理解一个年轻学子灼热的求学之心。

八、宝兴巷多了一个“书呆子”

宁波宝兴巷东接孝闻街，西抵文昌街，不足二百米，是一条小得不能再小的巷子，现在还基本保持着当年的模样，一侧是危立的马头墙，另一侧还能看到凹凸不平的砖瓦墙，墙上长着几株青草。据《鄞县通志》所载，宝兴巷因巷中有葛氏在此开设宝兴当铺，故名，也称宝兴当弄。

宝兴巷东首，曾是赵佑宸营建的私宅。赵佑宸（1827—？），字粹甫，咸丰六年（1856）中进士，曾为同治帝蒙师，后出任江宁知府、江南盐巡道等职，官至大理寺卿。其子便是有“近世赵孟頫”之称的赵叔孺（1874—1945），原名润祥，字叔孺，晚年号二弩老人，曾任福建同知。赵叔孺金石书画无一不精，制印与吴昌硕齐名。张大千更尊其为金石学泰斗。

由于出身官宦世家，在二十八岁之后的十年间，赵叔孺也先后做过几任小官。但赵氏性情淡泊，三十八岁之后，就从官场销声匿迹，携眷到了上海，以舞文弄墨为乐，以篆刻字画为生。居上海后，虽还时常回乡小住，但毕竟祖宅空余较多，因此，赵叔孺将前院出售给了冯孟颛，即“伏跗室”。

辛亥革命爆发后，冯君木为避乱自慈城来宁波任效实中学教师，于是就选择了离效实较近的宝兴巷居住。冯氏在宝兴巷的住宅包括清中晚期所建造的二进高平屋，以及屋前的院子、前后二进屋之间狭长的小天井和院子旁边的西偏小屋等建筑。院子里种了两棵树，还有一口井。

冯君木以魏晋体文章见长，然而民国时期以尊崇桐城派为多，全国文坛明显分为两派，互不联系，时有讽刺对方言论。但冯君木认为两派可以互为补短，广结文友，因此，当时宁波文坛的知名人物张于相、虞含章、洪佛矢、陈天婴、杨鞠庭都与他私交甚好。自从冯君木搬到宝兴巷后，他们也常到回风堂来，与其切磋文艺，互为唱和。

冯家的对门是沙孟海的同门、社友，宝兴巷葛氏后人——葛夷谷的家。冯氏曾有诗云，与葛家“十载因依恰对门”。

沙孟海从冯君木进修，老师让学生住到了自己宝兴巷的家里，成了真正的“入室弟子”。

冯君木让沙孟海安住在西边小偏房，亲自督课，同时，还在生活上予以帮助。由此不仅可见冯君木对沙孟海的器重与赏识，也能看出冯君木作为一个真正文人的品德。这一如他自题的楹联“葆爱后生若珠玉，抛遗世法等唾渍”。

在宝兴巷冯家安静的书桌上，沙孟海在冯君木的指导下，做起了职业读书人，点阅《史记》《汉书》，还选录诵读魏晋至近现代名家文章。

对于桐城派，冯君木平时也会教沙孟海、冯都良、葛夷谷一起读方苞、姚鼐作品。冯君木毕竟是那个时代有见解的独立知识分子，他参考《古文观止》，自己编了一本文选，远追魏汉。对清代以来文字，冯君木也有个名录，还分了品位，方苞、姚鼐等皆在上中以下。本浙学人，冯君木推崇章炳麟①、谭仲修②，曾指示沙孟海和冯都良阅览、注释谭氏的《复堂日记》。

受冯君木影响，沙孟海文风近班固、蔡邕诸家，近人除章炳麟之外，喜欢李详③、马一浮④及章氏学生黄侃⑤。算是近朱者

① 即章太炎（1869—1936），浙江余杭人，原名学乘，以纪念汉代辞赋家枚乘。后易名为炳麟。因反清意识浓厚，慕顾绛（顾炎武）的为人行事而改名为绛，号太炎。清末民初思想家，史学家，小学大师，朴学大师，国学大师，民族、民主主义革命者。著名学者，研究范围涉及小学、历史、哲学、政治、佛学、医学等等，著述甚丰。

② 即谭献（1832—1901），近代词人、学者。

③ 李详（1858—1931），字审言，晚号辉叟，江苏兴化人。国学大师。工诗文考证，著作丰富。

④ 马一浮（1883—1967），名浮，字一浮，浙江绍兴人，中国现代思想家，与梁漱溟、熊十力合称为“现代三圣”（或“新儒家三圣”），现代新儒家的早期代表人物之一，于古代哲学、文学、佛学，无不造诣精深，又精于书法，合章草、汉隶于一体，自成一家，丰子恺推崇其为“中国书法界之泰斗”。

⑤ 黄侃（1886—1935），中国近代民主革命家、辛亥革命先驱、著名语言文字学家。师事章太炎，受小学、经学，为章氏门下大弟子。

赤。因为近，沙孟海与冯君木的侄子冯孟颛开始过往甚密，不仅可以自由出入冯孟颛的藏书楼——伏跗室，翻阅各种藏书，包括碑帖，还能顺带向冯孟颛家里做家庭教师的钱罕请教书法和音韵学。

参照现代课堂的分类，沙孟海在冯家读书期间，课程大约有文学课、书法课、篆刻课、诗文写作课等，其中文学无疑是主课，是“经邦济世”的学问，其他都是文学之余事。这些课程授课形式活泼多样，有时有严格的教导，有时是闲谈，有时是实践，不一而足。

冯君木还给沙孟海布置了一项作业，以新体例每日做笔记，记载学习心得。沙孟海给这些自1920年开始撰写的笔记起了个名字，叫“僧孚日录”。僧，指出家修行的男性佛教信众，孚即信用。大意是沙孟海想要做一个像僧人一样有诚信而善良的人。

开写《僧孚日录》次月，沙孟海写道：“太希先生来，语余学龙门造像，须注意于其生动处，要知古人之作此书，其笔断非近时之用羊狼毫，徒求形似，终必失之于板甚无为也。”

再次月，道：“于伏跗室见梅郝翁[①]书，坐看良久，得其来自空盘纡法及新字之右旁斤末笔折法。”

同月：“假得近人影印周文清藏本《圣教序》，手临数行并细玩其用笔起落转折，以为前人之写此似用硬毫，观此本笔画去来不方不圆，若兰叶之相折，有层次、有棱角，余旧所临影印抱

① 即梅调鼎（1839—1906），字友竹，号赧翁，晚清慈溪县城（今属宁波市江北区）人。

残守缺斋藏本稍漫不易见此妙也。梁任公[1]所临《圣教序》用笔皆方，余始以为不类，今由周本观之固如是也。不过梁所临墨稍厚耳。余学《圣教序》有年卒无当者，实系知圆不知方故也。”

同月又录：“临集王圣教序总病太圆滑而靡弱无劲，所谓疾势涩笔心知其意而勿能行也。后假夷父梁饮冰临本，参其笔意，便尔改观矣。梁所临圣教序故非甚妙品，而用笔最涩，适足矫余之缺点，故取法焉。”

近现代宁波书坛，群星璀璨，名家辈出，如果将之比喻为绵绵群山，前述提到的梅郝翁无疑是群山中的第一座山峰，是他开创了浙东书风。梅郝翁初学颜体，在学到能乱真时，又刻意临摹王羲之、王献之的书法，旁及诸家……作为当时离世不久的乡贤，并且是和沙孟海有师生之缘的钱太希的老师，在他内心本来就有亲近，“乡先辈梅郝翁先生（调鼎）写王字最出名，书法界推为清代第一。我在宁波看到他墨迹不少，对我学习《王圣教》运笔结体各方面都有启发。只因我笔力软弱，学了五六年，一无进展，未免心灰意懒。朋友中有写《郑文公碑》《瘗鹤铭》诸体，笔力矫健，气象峥嵘，更感到自己相形见绌。为了藏拙起见，我便舍去真、行书，专学篆书。”[2]《回风堂集》则谓其“于古人书无所不学，少日专致力于二王；中年以往参酌南北，归乎恬适；晚年益浑浑有拙致入化境”。自言“用笔之妙，舍能

① 即梁启超（1873—1929），广东新会人，字卓如，一字任甫，号任公，又号饮冰室主人，中国近代思想家、政治家、教育家、史学家、文学家。戊戌变法（百日维新）领袖之一，中国近代维新派、新法家代表人物。

② 沙孟海：《我的学书经历和体会》。

圆能断外，无他道”。

如此看来，沙孟海的内心从未放下过圣教序。沙晓航遗物中的《集王书圣教序》，是一本有正书局新出版的影印本，已“稍漫”，自然不能和宋拓本相比，更遑论周文清本了。

按《清稗类钞》“刘铁云[①]藏宋拓唐圣教序”条：北宋拓《圣教序》，为海内第一本，后有董文敏、王文安两跋。王文敏得此后，经潘文勤、盛伯羲、吴清卿、王孝禹精鉴，咸推为海内第一。后归刘铁云，铁云乃题其后，云“凡得北宋拓，皆自诩为第一，如梁茝林、崇雨铃是也。然为海内公认为第一本者，为商城周文清公所藏一本耳，梁、崇诸本不如远甚”云云。

周文清本《圣教序》现藏上海博物馆，虽然民国间有正书局已经珂罗版影印，题为“周文清藏北宋未断本《圣教序》”，但王壮弘先生评其为底本“擦墨拓，甚精”，而“因制版印刷皆不精，故与原本大相径庭”。

按此说法，当时沙孟海所得的影印本，制版印刷不精。

除了周文清本，沙孟海又从同学葛夷谷处借到了梁启超的临本。沙孟海在《我的学书经历和体会》中说：“后来见到商务印书馆影印梁启超临《王圣教》《枯树赋》，结体逼似原帖，但使用方笔，锋棱崭然，大为惊奇。从此参用其法写王字，面目为之一变。”

短短几段记载，沙孟海从指点、传承、临本、用笔等等多个方面均获得了收益，沉醉其中，乐而忘返，真的是两耳不闻窗外

① 即刘鹗（1857—1909），清末小说家。

事，只读圣贤书。据说，住在冯君木家里时，冯氏家犬就卧在他的床下，有贼半夜来偷东西，犬吠，冯氏全家惊起捉贼，沙孟海竟然兀自酣睡未醒。

九、豪门里的家庭教师

二十一岁的沙孟海，是四个弟弟的大哥，因为父亲早逝，在母亲的坚持下进城读书，现已可自食其力，一心一意想把四个弟弟带出山。他已经走出了第一步，把二弟文求带到了宁波。他自己又有了小家庭，已是两个孩子的父亲。祖母、母亲两代寡妇，虽有所入，但毕竟不足。在沙孟海的内心，是多么想可以无家庭负担，无生计之虞，全身心跟着冯君木老师读书写字。可毕竟生而为人，不能脱离现实，当然最好的情况是在两者之间取得平衡。

这个办法，老师冯君木给他找到了。

据沙氏所记："（三月）今岁馆于屠氏（用锡，字康侯），屠氏子名洵规，字孟昭，年十五，以足疾夫命习中国文学，弗能入学堂也。后冯师为改其名果，字武仲。"

也就是说沙孟海像钱太希先生一样，在冯君木老师介绍下做了家庭教师，并且是豪门的家庭教师。刚开始的时候，只教一个十五岁的孩子，由于冯、屠两家相距不远，可以说几乎不影响沙孟海原有的读书计划。

屠氏在宁波一带颇有名气，号称甬上屠氏，祖上在南宋淳祐年间因北方兵乱而一路南迁，定居鄞县，世居宁波城甬江北岸而又称江北屠氏。据《鄞县通志》："六世有屠侨，正德进士，官至左都御使；六世有屠倬，嘉靖进士。七世有屠滽，成化进士，官至吏部尚书。八世有屠隆，万历进士，曾官礼部主事。九世有屠大山，嘉靖进士，官至兵部侍郎。十世有屠本畯，曾任辰州知府。十二世有屠献宸，明末抗清志士；十二世有屠粹忠，顺治进士，官至兵部尚书。十七世有屠继善，道光举人；十七世有屠继烈，曾任长山、平原、章丘、阳谷等县知县。十八世有屠宗基，继烈嗣子，曾任永泰县知县。十九世有屠熊占，同治举人；十九世有屠用锡，字康侯，继烈之孙，民国初年浙省议员。”

屠康侯（1879—1954），晚清学者屠继烈之孙、王梓材[①]外孙，清末民国实业家、银行家、学者、藏书家、政治人物。屠康侯早年赴上海经商，1908年在上海与虞洽卿共同创办宁绍商轮公司，曾调任宁绍轮船宁波分公司副经理。1915年入英商航运公司，任英商鸿安商轮汉口分公司经理。继至上海任中国创业银行[②]监察人。后入北洋政府任职，历湖北茶税局局长、浙江造币厂厂长，当选中华民国浙江省区第三届议员。

宁波历来是浙东名城，人才辈出，据记载自北宋开始就有藏书的传统，除了天一阁、伏跗室等专业级藏书楼，民间富家大多喜欢藏书，屠康侯也概莫能外，据考称得上是“富藏书”。而他与藏书最著名的故事，无疑是学术名著《宋元学案》。

---

① 王梓材（1792—1851），初名梓，字楚材，后更字梓材，以字行。浙江鄞县人。道光十八年（1838），王梓材、冯云濠受督学何凌汉委托，整认讹钟，始成《宋元学案补遗》100卷，共补遗有七八百条。

② 创业银行在京、津、沪、甬都设有分行。经民国政府特许该行还享有发行纸币的权利，影响全国。除了该行外，在近代，宁波帮在全国创办或参与管理了上百家银行，单在上海，就有90余家之多，其中包括中国历史上第一家由中国人创办的民族资本银行中国通商银行。这使得宁波帮在民国时期的上海银行界，势控半壁江山。

《宋元学案》，共100卷，最早为明末清初黄宗羲整理。康熙十五年（1676），黄宗羲完成《明儒学案》后续修此书，仅成17卷并序而卒，其子黄百家续作，又成8卷，后由弟子全祖望、杨开沅、顾諟等人于乾隆十二年至二十年（1747—1755）补述。全祖望于逝世前一年完成，未刊刻而卒，后来底稿归勤县卢氏抱经堂的门人卢镐（月船）保管。黄宗羲六世孙黄征、七世孙黄直垕又补充为86卷，道光年间流入浙江学政陈少宗手。

道光十八年（1838）王梓材、冯云濠受督学何凌汉委托，整认讹误，始成《宋元学案补遗》100卷，共补遗七八百条。王梓材《宋元学案补遗》序云："余与五桥广辑《宋元学案》之遗，凡得四十有二卷……五桥笃信好学，家有醉经阁，经史子集四部各归其伍，宋元儒文集不下百数十家，藉是以详校《学案》，无待旁借，即《补遗》之辑，亦是阁有以成也。"稿成之后存于屠康侯家中。

传到屠康侯手中后，屠氏对这部学术名著珍重如命，抗战时将之藏于上海银行金库，后捐给浙江图书馆。

沙孟海能去屠家当家庭教师，无论从当时来看还是对日后成长的影响，都称得上是一桩幸事。

沙孟海从1921年3月入馆于屠氏，1922年11月离开宁波，在约二十个月的时间里，可谓精彩纷呈。他首先做他的本职工作，综合《僧孚日录》所记：

四月。“夫子命次子感孙（即冯宾符[①]）就余读书。”这一条颇为耐人寻味，冯君木先生道德文章不要说在宁波，即使放眼当时整个国内，都属翘楚，他让六岁的儿子跟自己的学生读书，可能有孩子尚小、自己教导大材小用之嫌，但更有信任沙孟海并为其扬名之意，就像现今所说的扶上马送一程。

七月。“屠君康侯延余教其中子，因其室孥俱寓汉口，家中独有老母，屠氏不欲烦老母，请余馆飞仙阁上。今值暑假其长子归来，因请余暑日移馆至其家园中……屠园虽不广，池馆树石可以栖迟，夏时避暑尤宜。”

八月。“逃炎屠园娑罗馆两月，从学者屠润规（伯系）、洵规（武仲）昆仲外，有谢道用（冲尹、镇涛）、冯贞契（宾符）及仲弟文求（端已），都凡五人。皆一时英少，吾可以自豪矣……集诸人所作印之未散者三十许钮为一卷，余乃拟定斯集之名曰《娑罗集》。”

据《鄞县通志》，屠氏“八世有屠隆，万历进士，曾官礼部主事”。经考，屠隆生于嘉靖二十一年（1542），字长卿，又字纬真，号赤水。他自小聪慧，甚得其父青睐。出生时家道已中落，但屠隆酷嗜经史，凡书无所不窥。七岁时已为族人屠大山数称奇才，并向当时甬上文坛领袖张时彻推荐，屠隆声名因此大起。“十岁令就外傅，贫不能具擅粥。”屠隆十一岁校读《西厢记》，尔后“劳搜远绍，积五十年”校正《新正合并王实甫西厢记》一部。十四岁时中秀才，备受著名诗人沈明臣赞赏。然而自

① 冯宾符（1915—1966），原名贞用，字仲足，后以别号宾符行。

此屠隆困顿场屋二十年，终于在三十四岁时考中举人，次年（万历五年）考中进士。中进士后即出任安徽颍上知县，万历七年（1579），屠隆调任青浦知县，颇有政绩。不久，屠隆以治行高等升为礼部主事，历至郎中。四十二岁，受人构陷被罢官，从此绝意仕途。回到故乡的屠隆，生活便失去固定收入，家计时遭窘境。八口之家，唯有十七亩薄田，有时不得不靠“鬻文卖赋”以生。尽管如此，屠隆仍醉心书籍。将祖传的破屋三间稍加修葺，名“栖真馆”，又倾力构建凫园、飞仙馆。1588年，又从阿育王寺移栽娑罗树一株，植于栖真馆前，因名“古娑罗馆”，自号娑罗居士，藏书其中。

综上所述，屠氏至屠康侯时，早已是巨富之家，但他们并没有忘本，一直保留了屠隆时代的建筑格局，虽然不大，但却甚雅致，深得中国园林之致。包括园内雅称，如飞仙阁、娑罗馆等，一直沿用。

八月的时候，跟随着大哥读书的沙文求把他们的四弟沙文威带到了宁波，入读师范附属小学。

两个弟弟的到来，让沙孟海的经济又变得捉襟见肘，他找到了冯君木先生，告知“教授所入不足敷诸弟学用之费，求为申银行中觅一文书之职”。

冯君木对这个得意弟子可谓有求必应。过了一段时间，上海四明银行请冯君木作一篇寿序。冯君木做好以后，银行方面的人要给润笔费，他婉拒了，诚恳地说：“润笔费免了，只是如果你们银行要招聘长于文墨的人，我想推荐我的学生沙孟海给你们做事。”银行的人满口答应，说年后即可以就职。

冯君木告诉沙孟海后，沙孟海突然“心乃滋惧怕”，一想是自己求先生谋职，不敢面拒。书生气的沙孟海左思右想，只好修书一封给先生，谓道“今度所入可强支持，不忍弃诗书之业，远君子之居，却屠氏见留之意亦颇殷殷”。

冯君木看了并不生气，“亦以为然也”，他心里也舍不得弟子远行。但经此一事，师徒似乎有一个默契，沙孟海离开宁波另求更好的发展，只是迟早的事情。

冥冥之中，沙孟海开始为他离开宁波做着准备。

1921年旧历十一月十九日是沙孟海的大母（祖母）八十岁生日。“大母深恶世俗之祝寿”，沙孟海便以他的书生方法给自己的祖母过了一个别致的生日。函告须云：“吾大母年八十矣，寒酸之家，无以致祝嘏，念吾大母积数十年之辛勤，今日幸跻大耄，小子又忝居士列，一文之寿，似有不能已者。”后由张让三先生撰《沙母周太孺人八秩寿燕诗序》、冯须父《沙僧孚大母周夫人八十寿序》、冯君木先生作《家大母寿诗》，以及《陈天婴贻沙生文若》。如许名流为一个寂寂山村老妇作诗贺寿，实属难得。

做完祖母的寿，沙孟海开始编撰父亲沙晓航的遗作。“写先君遗诗，继之以烛，先君遗著今编定之，独有诗四十一首、文一首、联语二十四耦，拟缮写一通而藏之。”可惜今已佚失。

过完这一年的春节，1922年年初，有感于沙村松竹梅三房人丁兴旺，十五个兄弟或已娶或年幼，子侄辈也已经有十二人，受贤亨所嘱，沙孟海开始写房谱。“午后始为之，抵暮而事蒇（完成）。”

沙孟海的三弟沙文汉，上了四年学后，年仅十岁就辍学，开始负担起家庭农活，“家本农也，蓄田买山，盖已数世，所入差足自食。兄弟五人出就外傅，资所不赡，宗族亲邻签谓使三弟操耒耜，为养亲计，并以继先业。家母则以为世风日下，耕者不复能耐劳，相率博于市，堕为游民者不一而足。毒氛遍地，万一沾染，可为寒心，宁节衣食资遣入学，纵贫且窭亦无悔也”。

有感于此，沙孟海和二弟沙文求觉得把三弟带到宁波读书，必须提上日程了。到了夏天的时候，母亲陈龄狠心变卖了祖父种植的树木和部分田地，并在教书以及鬻字维持生计的沙孟海资助下，九月份，十四岁的沙文汉进入第四师范读书。

除了最小的弟弟沙文度，沙孟海把三个弟弟带到了宁波读书，堪为一壮举。诸事初定之后，这年十月，“屠氏拟携子去上海（家眷在上海）”，问沙孟海：“不知先生肯往彼否？”沙孟海日记言道：“余久处甬地，方图去而之他，有此机缘，亦殊大佳，故诺之。”

虽然答应了屠氏之请，沙孟海还是放不下自己的恩师，“为不得数数获侍吾师”为第一憾事。冯君木也说沙孟海走后将“乃益益寂寞矣”。

临行前，冯君木特意作五言古诗两首《赠沙文若即送其赴上海》，并亲笔写成手卷，以便爱徒带在身边随时展读砥砺。

吾生老好事，爱才若瑰宝。
岂谓广培植，亦用娱怀抱。
若也狷者徒，幼清能爱好。

从游六七年，毕景恣搜讨。
余事工刻石，法古非意造。
刃游碧落地，指节出怪巧。
盲风币大地，陵迟及雅道。
区区抱微尚，寂寞无人晓。
英才天所笃，努力造深窈。
含睇伫山阿，得子吾可老。

芳物余几何，日受风气剥。
涓涓一滴清，不抵万流浊。
眼中诸年少，好我惟子独。
拾唾作珠巩，妥帖归掌录。
萧萧烟水外，寂寂两间屋。
深言互证向，往往穷昏夙。
饥来不可忍，远游图自鬻。
离别苦累人，政坐有口腹。
幽忧多疾疢，恃子慰萧槭。
惘然促之去，作计将毋酷。
男儿志四方，行矣毋蜷局。
回光照衰朽，梦来倘不速。

除了冯君木的手卷，去上海之前，沙孟海还收到一份奇特的送行之礼。这份贵重的礼物出自于他宁波朋友圈中重量级的师长张让三先生之手。

十、沙孟海宁波的朋友圈

都说“物以类聚，人以群分”，此话诚然不假。作为一个年轻才俊，书诗文印均为甬城翘楚的沙孟海，身边自然聚集了很多师友。大抵可以分为几类：

师范学校的同学，冯君木的朋友和学生、子侄，豪门屠家的子侄等等，不一而足。尤其是冯氏同门一脉，沙孟海和大多数朋侪成了终生之交。

冯先生的子侄辈中，冯孟颛时已以甬城著名藏书家闻名，他的“伏跗室”随时为沙孟海开放，他家的家庭教师钱罕成了沙孟海的书法老师和音韵老师，沙氏可谓获益良多。

冯都良，冯君木原配俞夫人所生，原名喜孙，后改名贞胥，字须父，题其室名曰都良馆。沙孟海先生在《冯君木冯都良父子遗事》一文中云：“都良即都梁，香草也。他所有一般性的写作，常自署都良，久之，遂以都良为名。光绪二十七年辛丑六月廿一日（1901年8月5日）生于慈溪原籍。生母是冯先生原配俞夫人，名因，字季则，亦工诗词。都良童幼时代，由识字、诵习诗歌到诵读《孝经》《论语》，皆母亲自教。先生在外担任学校教师，夫人在家设塾，招收十几个女学生。夫人后患腹瘤，一九一一年，即辛亥革命那年八月，就宁波一家医院动手术，不幸逝世。都良甫十一岁。十四五岁时，都良写出一篇《先母事略》，有景有情，生动悱恻，老辈皆惊叹，目为神童……一九一六年进国学社，各位老师中虞含章先生最赏识他，说他文章自然有合桐城义法。后来入效实中学，广泛学习各科基础知识，一九一九年毕业。次年冬，就上海《商报》编辑。”

冯君木先生之孙女、都良先生之女冯微之曾撰文说：“1920年，沙老伯住进君木先生在宁波宝兴堂寓所‘回风堂’，沙老伯年长我父亲一岁，两人朝夕相处、情同手足。翻开沙老伯1920年的日记，几乎每页必提冯翁须（我父亲）；成人后两人虽分处异地，仍信件往来频繁。”

《冯君木冯都良父子遗事》又云：“都良自幼绝顶聪明，读书又多，家学渊源，文采斐然。所作《先母事略》，惊动老辈……我看到他早年所作拟古之文有《书朱渠弥》一篇，全用《左传》笔调，惟妙惟肖。清初长洲韩菼[1]著《滑疑集》[2]，编列《古貌》若干篇，其中《貌左》几篇，即摹拟左氏笔调，我看不如都良一篇声音色泽更加逼似。我初识都良时，才情遒上，风度翩翩。他也有意广泛结交文学界青年朋友。大约一九一九年，他曾发起组织越风社。参加者有定海毛无止，奉化俞次异、周公延、孙雁臣，慈溪陈行叔、葛夷谷和鄞县的我。俞次异曾写出《怀越风社诸子》五古若干首，有晋人风规，见他遗存的《太容遗诗》，未刊。一九二〇年暑期，趁效实中学放假的日子，都良邀集文学界师友到校避暑，讲习文史。前辈有陈屺怀、张于相两先生，皆住宿校中，指导我们学习。冯先生家住近地，虽不住宿，亦经常莅临，共同研讨。同辈友人集处者，都良自己外，有

① 韩菼（1637—1704），字元少，别号慕庐，长洲人（今苏州）。

② 此书应为韩锡胙所作，此处存疑。韩锡胙（1716—1776），清代戏曲作家，字介屏，号湘岩，青田人，曾任安庆知府。学问渊博，诗文词尤峻拔绝俗，著有《滑疑集》《南山法曲》《砭真记》等。

徐公起（可爂）、陈行叔、俞次异、葛夷谷和我。钱仲济先生（保杭）与陈布雷先生则短期来往过，屺老有诗记其事。”

冯定，冯君木的侄子，沙孟海的同学，据《翰墨人生》云：“在宁波屠宅教书的时候，有个好朋友，叫冯定，我曾约他在我的房间里住了好几个月，他是患肺病的，当时我一点也不在意，还有一位写字刻印的老朋友，叫吴公阜，也是老肺病，住在屠家对面，三天两头找他聊天，研讨学问，我也并不在意。”

据《沙孟海先生年谱》（沙茂世编撰）载：“（1921年5月）识印友同县吴诚初，又常相伴拜谒赵叔孺先生，时受叔孺先生亲炙。”《沙邨印话》：“公阜家竹林巷，密迩屠园，日日相过，诸子亦多得指授之益。”

吴泽（1900—1938），字公阜。浙江鄞县人。“少聪慧，好为跳荡，以蹴鞠伤其胫，致不良于行，由是专注文艺。性孤峭，不喜征逐，居常落落寡合，闭户自精。所与交契者，若同邑沙孟海、童第德，慈溪冯贞胥，萧山朱鼎煦等诸先生，皆一时名士。其文学问业于慈溪冯君木先生，治印则向同邑赵叔孺先生请益。以刻苦研究，属文书法篆刻均猛进，然用功过度，既而肺部染恙，遂杜门养疴，绝意于外间之进取。自号吝飞，盖取‘悄悄吝不飞’之义，并颜所居曰吝飞馆。其祖辈固饶于赀者，至公阜始稍落，庋藏典籍书画碑帖犹富。燕居之暇，日唯玩索校理，考聂源流，亲为题端跋尾，虽病不少废。”

沙孟海在《沙邨印话》及回忆录中也多次深情提及吴公阜，“余交印友以同县吴公阜（泽）最夙，两人见解亦多同，世目余为吴缶庐丈之徒，公阜为赵叔孺丈之徒，皆非真知余两人者。公阜之印，实兼师众长，不主一家。赵丈最擅元朱文，余未见公阜之为是；公阜拟汉诸作，亦不类赵丈，意境乃与黄穆甫冥合。公阜初未见黄刻，余尝携黄谱与看，病榻展读，輾然笑不止。盖亦引为同调也”。

公阜多病，沙孟海“粤中闻公阜病甚，归后趋视，幸稍平复。出视病中所为西湖博物馆数印，多用让之法，远规汉晋，深情高韵，自叹弗如。缶翁已逝，善为让之体者，四海之大，公阜一人而已。因叹吴家人文之盛，代有作者。天未弃商，公阜之病必瘳”。

“公阜为文翩翩洒落，颇类晋宋人韵致。简札吐属娴雅，曲尽妙旨，得者片纸视同瑰宝。印近董小池、吴让翁，远规汉晋，深情高韵，不落恒蹊。书则融合南北，造诣尤高，上焉者直追初唐，下亦不失宋仲温雅度。惜不永其年，未能竟其所诣矣。生平不苟于事，即在病中，凡亲友有所求者，无论书、印、文章，罔不力疾以偿。濒死前一日，犹欲起为其友写屏幛，家人阻之，乃曰：‘我已许之矣，恶可负其托哉！’重诺类如此。”

吴公阜、沙孟海和葛夷谷，时为冯君木门下三大弟子，葛、吴两子均自幼生活在宁波，成名亦早，与沙孟海这个“山村童子”相处，多少有点折节下交的味道，更可见沙孟海的为艺为人之魅力。

同学者之外，对沙孟海影响颇大的除了前文提到的钱罕先生，更有赵叔孺、张原炜、张美翊之前辈名士。

赵叔孺在辛亥革命后就移居沪上，时回家乡，但均匆匆往返，沙孟海曾几次由其师冯君木介绍前往拜访未果。他第一次拜谒赵叔孺，《僧孚日录》1922年9月22日有记：“与夷父（葛旸）过访叔孺先生，公阜（吴泽）亦至。”十一月又记：“与公阜同访叔孺先生，有林冕之[①]（洵）者闽侯人，先生之内侄，从先生学，年二十一作篆治印俱有功夫。”“先生于余篆刻极加赞许，不惟于余前言之如此，每遇相识亦常称许，知其非泛泛视我也。师尝语余：学问之道，途径至博，孰正孰辟，岂易区别，弃舍从由，全在际遇。汝之学诗文而遇我，学刻印而得叔孺，皆主张公允，不为偏怪欺人之论，皆所谓不期而遇者，此其中实有幸焉。”《沙邨印话》中还记：“余初谒叔孺丈于上海虹口，丈以歙黄朴存先生（质）《滨虹草堂藏印》一部相诒。”据前述：“（1921年5月）识印友同县吴诚初（泽，公阜），又常相伴拜谒赵叔孺（时枫）先生，时受叔孺先生亲炙。”与《僧孚日录》所记初谒地点有出入，大概是追忆时有误。

其实，在拜访赵叔孺之前，沙孟海对赵氏的篆刻艺术已有较深的钻研。如《僧孚日录》1921年7月中记：“余初作秦汉印，漠然不得其趣，并不知何处着刀。后见赵叔孺、马叔平（衡）诸人仿古之作，摹拟再三，始有入处。赵仿秦印尤精雅不苟，秦印本粗疏自然，但若从粗疏处着手，便只得粗疏二字，无复有其神气。赵独以挺健精致之刀出之，此犹守桐城家法以学《史记》，

① 林洵（冕之），生卒年不详。福建闽县（闽侯）人。字冕之，号瓢庐、瓢道人、瘦瓢、阿棠。赵叔孺夫人之从子。工籀篆书，笃守前贤矩度，印亦如之。不幸短命，闻者惜之。存世《林洵印稿》四册。

故所就益工，无明人外强中干之病。余所作白文'钱罕''道用''顿丘'诸小印，皆由赵法进窥嬴氏者也。"

受到赵叔孺的鼓励，沙孟海治印兴趣非常高涨，常常竟日刻印，一日可成五六印。同时，他也感到刻印多，耽误诗文学习，非常矛盾。早在1921年5月，他就记道："书画篆刻之艺足以资助文章，实适以妨碍文章也。余粗解作书刻印每为人作，则费半日或全日不能读书。盖未作之先书须研墨，即非自研，既有兴于此，断不能作别事。印则谱籍盈几，苦思力索益费功夫。既作之后，书则洗笔与砚，收检纸墨及用印章，何多事也。印则腕力既疲，心神亦颠倒矣。于相师尝谓余于画性亦与近，宜并习之。余才习二事，已足夺我学文时间。若更学画，是将终身为技艺之人矣。"次月又记道："篆刻之事，昔人目为雕虫小技真乃浅陋，然所以夺吾学文之时，使吾文无丰赡之日者，亦此物也。""因念此身长为接客刻印二事所羁縻，消磨精神，荒落学业，莫斯为甚，愤慨之极。欲榜诸门不见一客，并焚毁刻印之工具，闭户静处。""使我学业无成者，必是物也。"得赵叔孺亲炙而有所得的沙孟海，于篆刻一道的自得和咬牙切齿可见一斑。他内心的奋斗目标无非是书生报国，读书以致用，尽管在冯君木看来"文学虽若无用"，但在一个动荡的时代，学业有成又能如何呢？

前文提到的"于相师"，即为张原炜。父张桢泰（1856—1906），乳名松寿，字薇州，光绪八年（1882）举人，敕授文林郎右副都御史巡抚浙江盐政使职，父子登科，门楣显赫，传为佳话。张原炜因熟读经史，尤精史记，曾评点《史记》和《五代史》，与章炳麟、冯君木并称国学大师。与陈训正、冯君木并称

"宁波三才子"。

1903年以后，张原炜跟随冯止凡、陈恺怀兴办学堂，次第执教宁波府中学堂（即今宁波一中）、甲种学堂（今商校）、钱一学堂、斐迪学校近二十年，与冯君木一起被称为甬上名儒。1907年，宁波教育会成立，张原炜任干事，此后被选为鄞县教育会副会长，为甬上教育事业做出过卓越的贡献。名噪一时的童第德、罗惠桥、杨菊庭、汪焕伯、吴公阜、袁孟醇皆出自他的门下。

张原炜文章师法归有光、方苞，简洁淡雅。书法出入欧阳询、苏东坡，其尺牍小简更为精美，有名于时。当时，凡甬属名人的寿幛、墓志、地方建筑、碑碣等多有他的手笔。

沙孟海《书学师承交游姓氏》一文中谓"向同县张原炜问业"，称其为欧虞一派书家。张原炜著有《葑里剩稿》4卷54篇，沙孟海题写书名，具有很高的文献价值。

1921年8月，沙孟海曾在日记中记载："谒张蹇叟（美翊、让三）先生于薛楼，蹇叟先生年六十余，向在沪上，曾任南洋公学（即今交通大学）监督，宁波旅沪同乡会会长。近谢事回乡，奖宠后进，唯恐不至。去年夏秋间，余曾从夫子一往谒之。此次归来又有书来招余，故又往谒。吾邑耆旧凋谢略尽，独此一老存耳。"

张美翊（1857[①]—1924），鄞县人，字让三，号简硕，晚号蹇叟，浙江三杰之一。月湖边上的青石张氏，为甬上大族之一。

① 有关张氏生年，多作1856年。据《甬上青石张氏家谱》卷二《系录》，张美翊生于咸丰七年（1857）二月初八日，卒于民国十三年（1924）七月初十日，享年68岁。

张美翊为张氏家族里的第三十五世，其父辈三十四世均为官豪。

据《甬上青石张氏家谱》，光绪三年（1877），浙江学政、吏部左侍郎黄倬岁试，张美翊补为鄞县学生。光绪十三年（1887），学政大学士瞿鸿机调考优廪生，张美翊由廪贡生中试。光绪二十年（1894），为浙江乡试副贡。真正对张美翊有质的影响的应该是在成为薛福成的幕僚后，并作为他的随员出使英、法、意、比四国的一段经历。

薛福成（1838—1894），字叔耘，号庸庵，江苏无锡人。薛福成是晚清著名思想家、外交家，有“称使才者，并推薛曾”的美称，是闻名遐迩的洋务专家和早期改良家。早年以副贡生进入曾国藩的幕府，渐渐以文章和见识崭露头角，好谈“经济”而不墨守“桐城义法”，被誉为“曾门四弟子”之一。后随李鸿章办理洋务多年，以通达“时务”、力主变法闻名朝野。

张美翊认识薛福成，与后者在宁波任职有关。光绪十年（1884）七月始，薛福成任宁绍台道台。次年，薛福成在后乐园创设崇实书院。1886年，薛福成撰《浙东筹防录》，在宁波付刻。1888年秋，薛福成升任湖南按察使。1889年初春进京陛见时，被改派为出使英、法、意、比大臣。张美翊由于受到薛福成的赏识，作为随员，也踏上了出使之路。

在出使过程中，张美翊与薛福成认真考察各国的社会、经济、政治、外交情况。对这些进行充分了解后，张美翊和薛福成就开始进行潜心创作，力图将国外的种种见闻通过文字让国内的人能够充分地了解，这是对当时国人对外认识的最好促进。张美翊协助薛福成完成了《续瀛环志略》。

西行回来后，1903年，张美翊由江苏候补县丞奏保，同衔直隶候补知县。接着，被盛宣怀[①]奏派铁路总公司文案委员。光绪二十九年（1903）夏至冬，光绪三十年（1904）夏至冬，两度被奏派至南洋公学（上海交通大学前身）任该校总理（相当于校长一职），兼提调洊保直隶候补、直隶州知州、诰授奉政大夫。

辛亥革命后，张美翊致力于地方教育事业，在宁波办学数十所，任宁波教育会长。1920年，张美翊告老还乡，住在宁波城中“后乐园”的“薛楼”[②]养病。正是这样的背景下，才有了沙孟海日记所记的“此次归来又有书来招余”。即给沙孟海的一封信：

孟海贤友左右：大嵩又被灾，忧念无已。老朽病矣，无能相助。幸有沪上同乡代呼将伯。贤长官饥溺由己，尤可敬也。藻弟已来。得暇能枉顾一谈否？道远宜呼舆，中午便饭，不拘日期。老朽精气涸竭，静养一月，渐能谈话作字。喜贤通小学，不慕荣利，此真吾党

① 盛宣怀（1844—1916），祖籍江阴，字杏荪。清末官员，官办商人、买办，洋务派代表人物。

② 薛福成于光绪十年七月被任命为宁绍台道台，《宁波市志·大事记》书：“1884年，7月13日，新任宁绍台道台薛福成接印任事。”薛福成在道署西侧建小花园，取范仲淹“先天下之忧而忧，后天下之乐而乐”之意，命名为“后乐园”。《宁波市志·大事记》书：“是年（1885），薛福成于后乐园创设崇实书院。”为纪念薛福成，1913年于后乐园北建造“薛楼”，将薛福成和后来任道台的吴引孙以及宁波教育会的藏书集中庋藏，共计12万册，这是宁波近代最早的公共藏书楼。薛楼今已为宁波中山公园一部分。

里之风，见千里箑头摹石斋[1]，极神似，谢山[2]所谓不钩之钢者也。所欲谈者正多，只好面罄。奉上喜联，拜烦大笔，三日内走领。陆生可教，然先宜学字。敬向道祺！张美翊谨状。八月初五早。

以张美翊当时之名，即使有意培植沙孟海等年轻人，叫人带一口信，都不见得就怠慢了，可偏生他认真写信，语气甚殷，称呼几为平辈论交。还切切邀请，并考虑到路上的交通情况，可谓关怀备至。

信中还特意提到沙孟海的故乡大嵩受灾并救灾情况。灾后沙孟海受托作《大咸乡赡灾碑记》：

吾鄞大咸乡东薄海，丛山亘其西。民居率数里为聚，聚户少者不及百，多或且数千。地僻，无兵革之警，米盐材木足支用，独恒患水。每山洪发，若倾若驰，崩梁坏田舍，泛滥横溢，猝不可得遏，比岁弥甚。庚申六月水再至，明年八月又至，又明年六月再至，八月、九月又继以至，迄三年患水者七，民用无宁处。初，水患之作也，乡人童第德合众谋于邹溪之社。公为状白当道，当道捐俸相恤。不给，则劝募四方。钱汝雯

① 即黄道周（1585—1646），现福建东山县铜陵镇人，明末学者、书画家、文学家、儒学大师、民族英雄。

② 即全祖望（1705—1755），浙江鄞县人，字绍衣，号谢山，小名补，自署鲒埼亭长。清代著名史学家、文学家，浙东学派重要代表。

贾上海，闻之瞿然曰：“我责也”，手醵九千金，合它所集，得万二千金，分区振之。平道涂，浚川泽，起原田积沙，增益陂塘，水门提闳之属毕缮。凡所规造，相水势为亢卑广狭，不中程，辄更筑，更筑或至数四。其后累被水，乡所完治，陊毁几尽。于时东南州邑罹灾者众，吏民往往为大会，相推佽以济，劝募亦益广矣。汝雯、第德周旋其间，绵历时月，不敢言劳。总二年中先后得大会沾匄者又三万金，工作以是给。是役也，料匠虑事，村各有人，而会稽道尹上海黄君、县知事丹阳姜君实董其成。工既讫，乡人属记始末，树之石。余惟往昔风气朴约，人安勤苦，户口率赡给。林木森蔚，斧斤以时入，虽甚雨，被于干，吸于叶，余沥下坠，滴滴渗土中，又其余乃行为潦。故溪谷受水稀而流，亦纡缓不激。晚世习于惰侈，物力绌，无以维生计，山木小大，悉翦伐支匮耗，木尽而土剥，雨少骤，水势即无所束，淫霖三日，而溪谷盈溢，激湍四溃矣。天地之变，半系于势之自然，而系夫人者亦半。频年大水，丧亡无算，财糜力索，仅而获济，父老庆抃，诚不敢忘其劳。备豫不虞，所以缵诸君子之绪者，将靡有竟。辄著此义，用为籍斯土者念焉。

后又作《大咸乡赡灾后记》：

余既为《赡灾碑记》，童第德告余曰：“是役也，乡人共攻之。料匠主进，用力多寡久暂虽殊，要皆有劳足录。题名之记，不可阙也。”乃列书诸尝有劳者名姓抵余，俾序而刻之。韩岭则金士显、金开琅；俞家塘隩则俞宝裕、俞志青；华家隩则华贤元；陈家隩则陆孝美、杨正理；北隩则屠芳仁、陈信宝；叶公山则叶吉春、叶昌锵；钱家山则钱汝雯、钱全鈬、钱全杏、钱士兰、钱祖兴；吴家山则吴祖赓；芝山则徐三槐、徐才林；上陈则黄鹿生；管江则杜廷光、杜彭寿、杜恒烺、杜遇春；塘头街则傅茂炼；施家桥则施相铭、施作霖；蛤山则张阿荣；邬溪则张志义、张睦九、张睦信、张睦琳；沙村则沙镜清、沙松寿、沙云礽、沙贤珏；童家隩则童书恩、童书宽、童庆和、童第锦、童第德、童中莲；上周隩则周二南、周银民；童家夏家则童书梅、童吉生、童吉羽；上水下水则史柏龄、史悠祺；东陶隩西隩则张良栋、王槐卿；大碧浦则周仲慧；鹳山则朱受程；犊山则蒋舒堂；芦浦则舒廷珊，周湖塘则王槐庭；大嵩所则桑坚春、徐丕然、徐企勉；盐场则干旌德、王增寿；瞻埼则周睦震、谢伟翰、杨镜湖；都三十三村六十有四人。世衰乱，吏治阙，吾乡介海峤间，去县治且百里，民安习本业，累世不闻政令得失。有大繇役，村各推如干人相合谋，智者陈其策，勇者效其勤，事虽剧恒办。今人侈言地方自治，尚矣。夫乡里间，固犹有乡遂邻保遗俗，守望扶持之义，家喻而户晓，当仁而无所让。若是役，父老子弟不召而自集规为定，然后得道县一援手耳。故曰观于乡而知王道之易也。长保此质厚，继之以教育，于自治其庶几乎。己巳浙江重行地方自治制，乡村名娄易，盖大咸乡今为鄞县第九区，次前事，故因前陈云。

《大咸乡赡灾碑记》被冯君木称之为沙孟海文之最佳，这是后话。且说沙孟海接信之后，便去了薛楼，自那以后，他便不时出入于张美翊之家。

张美翊老人晚年生活清逸，好交游，出于悉心栽培青年学子并为其提携道引，经常在宁波后乐园薛楼招待他们，座上常客有沙孟海、吴公阜、葛夷谷、俞亢、屠武仲等青年才俊，也有冯君木、冯孟颛、张原炜、钱罕等大家。清茗散香，厅堂宽敞，他们或天马行空地畅谈，或切磋诗词文章，高雅文风，郁馥芳馨。

“张让三总是躺在藤椅上谈笑风生，一二个小时绝无倦意。”听得沙孟海目瞪口呆。从张美翊这里发现了一个往日未能接触的崭新世界后，薛楼像磁石一样吸引着沙孟海。经过一段时间交往，他感到自己的眼光已开始从海边的山村，从熟悉的宁波，一步一步移向那陌生的远方世界。潜移默化中，沙孟海的心态发生了改变。

在薛楼，沙孟海还认识了一位年轻人。据沙孟海是年十一月日记所载：“朱百行[①]年十九，天资迥绝，于书有不摹，摹则立能神似，若有天授者，亦能篆刻。向从蹇丈在沪鬻字，有声

① 即朱复戡（1902—1989），鄞县梅墟人，迁居上海。原名义方，字百行，号静龛，40岁后更名起，号复戡，以复戡号行，幼承庭训，涉猎经史，好习书画。

一时，惜其未学尔。余尝见其题签楹帖，于今人尤善效海藏[1]寐叟[2]，作吴缶庐[3]石鼓尤酷肖，今日谒蹇丈适百行亦在，因与相识。”

沙孟海久居甬上，虽年纪尚轻，对小于自己两岁的年轻朱复戡在日记里如此真诚赞美，尽管有对张美翊先生的情谊在前，但眼界见识不可谓不高。张美翊作为“浙江三杰”中年龄最大、威望最高的名士，其学生比较多，身居要职的学生不少，比如段祺瑞临时执政时的财政总长李思浩、黎元洪复任大总统时期的国务院代总理王正廷等人，但真正让张美翊比较看重并努力栽培的，正是沙孟海和朱复戡等人。

“薛楼”有不少藏书，既无人阅览，亦无人整理。张美翊叫沙孟海日常课余到他那边整理藏书，分门别类，造具清册。沙孟海当然乐得照办。“与夷父同往薛楼编写书目，经史两部前由冯曼孺[4]写竟，余与夷父分任之。……后并按所写书目检点藏籍勘误补遗。”

张氏居薛楼时，楼中藏书经批阅后，多作题跋，并把自己一部分藏书也捐赠给薛楼。

得知沙孟海要去上海，爱才惜才的张美翊送了他极为奇特的礼物，那是几封给上海文化艺术界名流的信。“蹇丈”一连书函

① 即郑孝胥（1860—1938），福建省闽侯人，中国近代政治人物、书法家。

② 即沈曾植（1850—1922），浙江嘉兴人，字子培，号巽斋，别号乙盦，晚号寐叟等，誉称“中国大儒”。

③ 即吴昌硕（1844—1927），浙江湖州安吉人，原名俊，字昌硕，原字仓石，别号缶庐、苦铁、老缶等等。

④ 即冯孟颛。

三封，分别致信于吴昌硕、罗振常[①]、郑孝胥等故交，还开玩笑说：“这信比金银还贵重。”从这不是礼物却胜于任何一种礼物的“礼物”中，张美翊先生提携后学之心、名儒之风可见一斑。

有学者曾说：“民国人物处身风气甫开，新旧交替之际，思想学识愈见丰富，交游酬酢益为广阔，肆意性情，常引我辈神往。因而形成一种与今天的所谓学人迥然不同的风度、气质、胸襟、学识与情趣。”

另，著名作家秦牧[②]有一种观点，他认为人才的涌现应该是“人才链”现象，即一个个人才是互相联系着的，每一个人才出现时我们便会发现和他常在一起的那几个人才。

从沙孟海甬上交游所看，从老到壮至青，从“蹇丈”张美翊等，到冯君木、赵叔孺、陈训正、张原炜等师长，至葛夷谷、吴公阜、冯都良都年龄相仿之才俊，恰好形成一条完整的“人才链”，缺一不可地在时代的背景中滋养或被滋养。而这份“使命”，随着沙孟海离甬去沪，将在更为广阔的“链条”上感受更多的“雨露”。

① 罗振常（1875—1942），浙江上虞人，近代学者、藏书家。字子经，又字子敬，号心井、邈园。

② 秦牧（1919—1992），广东澄海人，中国散文界的“南秦北杨”，其文学活动涉及很多领域，主要有散文、小说、诗歌、儿童文学和文学理论等等。

第二章　上海

20世纪20年代的上海滩号称“十里洋场”“东方巴黎”，是威震八方的亚洲和远东第一大都市，其城市经济总量、金融证券市场规模仅次于纽约、伦敦，超过法国巴黎，也超过日本东京、大阪的总和。而当时的香港，则还只是英国人殖民统治下的中国南方沿海的“小渔村”。

当时的上海，若以地域人口论之，基本以老上海人、宁波人、苏北人居多，无论政商，尤以甬人为最。所以对大多数闯上海滩的宁波人而言，并无太多的违和感。但其时的上海，五洋杂处，也是全世界的“冒险家乐园”，各色人等在此粉墨登场，过气的民国耆老、激进的革命者、自大的冒险家、活跃的艺术家群体、组织化的流氓团伙等等，组成一个充满着活力和矛盾的城市，奢华和贫穷仅仅一路之隔，高尚和无耻共生，梦想和失意同在。

这就是吴昌硕的上海，康有为[①]的上海，郑孝胥的上海，屠康侯的上海，蔡琴孙的上海。套用一句名言，这是最好的上海，这也是最糟的上海。

对于本文主人公，充满书生气的年轻书法家，他也许没想得

① 康有为（1858—1927），原名祖诒，字广厦，号长素，又号更甡、游存叟、天游化人等，广东省南海县丹灶苏村人，人称康南海，中国晚清时期重要的政治家、思想家、教育家，资产阶级改良主义的代表人物。

太多，他只是一个家庭教师，无非“课堂”从海的那边移到了这一边。

1922年，农历十月六日，沙孟海抵沪，龙行海上，开始他早期的极为重要的“转益多师”生涯。

一、“拜码头”初见吴昌硕

沙孟海初到上海，为屠、蔡两家合聘的家庭教师，有学生五人，即：蔡琴孙之女蔡约（字绰如）、蔡纡（字柔宜、宛颀）、蔡绛（字赤华）、维絜（字芳伊）、蔡宾牟。

坐馆之余，沙孟海还为蔡琴孙“录存所藏书画款识及印记题跋”。剩下的时间，他就可以正式开始自己在上海的社交生活。他做的第一件事，就是“拜码头”。

而领着沙孟海“拜码头”的正是蹇丈高足、小他两岁的朱复戡。

朱复戡五岁时，父亲命其用毛笔蘸清水在青砖上练字，因为清水在青砖须臾即干，干了再写，便于反复练习。六岁，从翰林王秉兰学习《说文解字》和《史记》，后又学其《石鼓文》。七岁为上海怡春堂写春联，每对两块大洋，而当时吴昌硕的对联润格是四块大洋。有“七龄神童朱义方”之称。十二岁为日本船写“丰田丸”，为宁波阿育王寺写“雄宝殿”横匾。十七岁，加入“海上题襟馆金石书画会”，时为最小的会员。吴昌硕称其为“小畏友”。张美翊曾书：“今朱生百行，唯余知之。然海上遗老，如吴缶老诸公皆折辈行与交，弱冠得此，原是不易，愿力追古人，以副诸老期望。”

可以说，那时的朱复戡比初到上海的沙孟海要牛逼得多了。由于有张美翊的“介绍信”，朱复戡带着沙孟海去“拜码头”，也算是遵师所命。

他们去的第一站是“海上题襟馆”，欲拜访上海书画界“总舵主”吴昌硕。

据沙孟海所记：“百行来导余游海上题襟馆。晤归安俞语霜[①]（原），待安吉吴子茹[②]（涵），未至。先是蹇丈有书抵吴为余绍介，并嘱引见其父仓石先生，蹇丈之意真可感。”

通过是日日记记载便可知来龙去脉，张美翊写信给吴涵，介绍了沙孟海，并相托引见给其父亲。然后朱复戡带着沙孟海去海上题襟馆，碰到了俞语霜，但没有等到吴昌硕的儿子吴涵。

海上题襟馆金石书画会亦称海上题襟馆、题襟馆、题襟馆书画会，是清末上海一个规模较大、活动频繁的书画金石艺术团体。它的前身是1910年成立的中国书画研究会（又称上海书画研究会、小花园书画研究会），清宣统三年（1911）改名。海上题襟馆成立后，先后云集了上百名书画金石家，经常在一起进行艺术交流活动。辛亥革命爆发后清王朝垮台，当时从清廷下来的官员，不少来上海作寓公，其中有些人喜爱和擅长书画金石，便陆续参与题襟馆的活动。馆里活动的人白天少些，一到晚上济济一堂。一张大型的长方书画桌周围，总是挤满了人，有作画题诗

① 俞语霜（1874—1923），浙江吴兴（今湖州）人，近代画家。一名宗原，又名原，字宜长，别号女床山民。工画，能诗，山水出于八大山人、石涛间，花卉人物，亦极奇峭。客游京师，倾动一时。

② 吴臧龛（1876—1927），浙江安吉人，名涵，字子茹，号臧龛（亦作臧堪），以号行，别署井邃轩主，吴昌硕次子。清末廪贡生。承家学，于书画篆刻、训诂词章皆有造诣。

的，有评品议论的，有相互交谈艺术创作心得体会的，一直到接近深夜时，人们才告离去。书画掮客几乎每晚拿许多书画金石古玩到馆里兜售，题襟馆也替会员经办书画金石作品的销售事宜。外地来上海以卖字、画、印为生的职业艺术家，一般也通过题襟馆得以代订润格和介绍书画金石的销路。

题襟馆最初会址即为中国书画研究会的商余雅集楼上，民国后改设在四马路三山会馆（今福州路云南路口）间壁，20年代前后移往交通路（今昭通路）40号赵云舫家，1921年迁至汕头路3号画家俞语霜家。其时，俞语霜被题襟馆公推为经办日常会务工作的驻会会员。

湖州人俞语霜寓居上海，以卖画为生。与任堇叔[①]友契。爱诵杜甫“春水船如天上坐”句，又性喜观水，家在苕溪之滨，故宅名居春水草堂。山水近取任伯年，上溯石涛、朱耷，苍古雄浑，水墨淋漓，且有新意。偶作花卉、人物，纯以韵胜。并治金石碑版之学。性格风趣，为人慷慨豪爽，时有“画孟尝”雅称。海上题襟馆，就是俞语霜与吴昌硕等创办的。当时因为题襟馆经费困难付不出房租，俞语霜将自己在汕头路的寓所腾出作为活动场所。可以这样说，沙孟海当时去的是俞语霜的家，虽然没有碰到吴昌硕，但认识了俞语霜，随后认识了任堇叔，三人志趣相投，相谈甚欢。沙孟海在《沙邨印话》中云：“绍兴任堇叔（堇）是伯年先生嗣君，真书得元常神髓，为近世第一，时人不尽知也。为文似胡稚威，诗类姚复庄，皆清新戌削，不侔常韵。

① 任堇（1881—1936），字堇叔，浙江绍兴人。名画家任伯年长子。

画若印亦可观，顾不多作，僦居海上廿年，所鬻艺文不常售。有显者致之幕中，未几，不乐引去，卒以穷饿死。余识堇叔在壬戌之冬，尝偕王冰老诣之，值月冬，屋主人索赁金，无以应，窘甚，冰老市其书数帧，始解围。世人多以耳代目，或用名位高下品艺事，堇叔之贞美，宜其枯槁死矣。”

沙孟海一到上海，在同门也是吴昌硕弟子之一朱复戡的陪同下，约请吴涵在上海题襟馆会晤，不意未至。沙孟海多少有些以为“仓公年老名盛，乡曲鲰生恐未必遽肯相见，即见亦未必诚意教导也”。照此看来，内心还是有点情绪，或者说带有一定自卑感。吴涵，缶翁次子，年长沙孟海二十四岁，时正弃官退居沪上，任名画家王一亭（震）秘书。有约不来，是无暇顾及，抑另有缘由，不得而知，但其关照乃翁甚多，逢人索画必施步障，意或在免耗心力为缶翁计，但终有逐客之嫌。沙孟海后来也曾亲历过，难怪作此揣想。

但继续看朱复戡的履历，他加入“海上题襟馆金石书画会”，是由吴昌硕介绍的，两人经常一同出入艺术圈，时称“一老一小”。朱复戡年少即负盛名，其一生遨游于艺术殿堂的最上层，并与吴昌硕有着非同寻常的交情，想必吴涵应该拎得清，至少会给他一个交情，而不至于变相避客和逐客。

沙孟海暂时没有见到吴昌硕，便又想到了同邑长者赵叔孺。在几个月前，他还在日记里评论了赵、吴：“今日之篆者无出叔孺右，并非过言。缶庐自辟一径，出以怪特，虽风靡一时，未可为训。清卿子与皆已死，吴氏端严而少逸气，杨氏秀整但伤软弱，若叔孺者有完白之圆劲，有悲庵之秀逸，无偏无党可谓精品矣。”

虽欲持论公允，但那时沙孟海的内心毕竟和赵叔孺更为亲近。寻缶庐未见的他，没过几天就去看林闽之，林给他看了赵叔孺的近作并叔孺二弩精舍印存五册。其记道：“叔孺先生所作印余观者甚少，今日得尽览之，何其快也。先生篆刻早岁亦师西泠诸子，近乃专学㧑叔，至其篆书真书无一不肖，印之工又骎骎乎加㧑叔而上矣。”

沙孟海刚提到赵叔孺“有完白之圆劲，有悲庵之秀逸”，可谓精品，就看到了赵叔孺正在专学悲庵之篆书和真书，也算得上是所见略同了。

未几，沙孟海就见到了赵叔孺。《沙邨印话》云：“余初谒叔孺丈于上海虹口。”前文已证所谓初谒应是记忆之误，或谓是沙孟海离甬至沪后，在上海初次相见。

《沙邨印话》关于这一节的完整记述是：“余初谒叔孺丈于上海虹口，丈以歙黄朴存先生（质）《滨虹草堂藏印》一部相诒，谓是谱已不易得，盖其中钤录玺印数百事，已非黄氏物矣。初，黄寓上海某处，一夕，邻舍火起，黄仓皇捧一箧下楼。遇一少年人，曰：‘为公守此，可更上楼取它物。’取它物下，而少年已飏，不记为谁何人。箧中即平生精力所聚之铜玉玺印也。”

此可与日记相互印证，“叔孺先生贻余宾虹集印计四册，秦汉印数百钮，皆黄氏藏物也。先生与黄宾虹友善，谓宾虹家无它长物，独好储铜印，此本乃其印谱之初稿，中多宾虹手记考证语，今黄氏所藏印尽为人窃去矣”。

次年，“在叔孺先生处晤平湖陈巙石[1]，年十九从赵先生学印，所作极遵矩度，人亦恂恂可爱”。

1923年1月19日，壬戌十二月初三，沙孟海终于见到了泰斗级人物吴昌硕先生。

“百行早来，呼余起过看吴子茹，子茹引见其父仓石先生于山西北路吉庆里[2]。先生七十九岁老叟尚健，惟耳稍聋耳。先生自谦于学术无所得，惟刻印稍有功力。其论印极崇浙派，尤推钱叔盖[3]、胡鼻山[4]二子，次闲稍近，薄抝叔[5]白文出于浙派，朱文本之完白[6]亦不可及。又谓：治印自以汉印为正宗，初学宜取其平实者效仿之，勿求诡奇，其持论绝平允。”

第一次相见虽属蜻蜓点水，但无疑已经为日后的深度学习埋下了伏笔。

这月月底，除了吴昌硕，沙孟海还去拜见了近代中国极有影响的两个大人物，但是，一个是见到了，一个却闭门谢客。

① 即陈巨来（1904—1984），浙江平湖人，寓居上海。原名斝，字巨来，后以字行。篆刻家、书画家、诗人。

② 即山西北路吉庆里923号（今山西北路457弄12号），建于1913年。当年70岁的吴昌硕迁居上海，住进了这所石库门房子。1927年11月6日，84岁的吴昌硕在此辞世。

③ 钱叔盖（1818—1860），浙江杭州人，原名松如，字叔盖，书画金石都十分精能，篆刻功力尤深。

④ 即胡震（1817—1862），浙江富阳人，字听香，号鼻山，别号胡鼻山人。

⑤ 即赵之谦（1829—1884），浙江绍兴人，字抝叔，号悲庵，清代著名书画家、篆刻家。

⑥ 邓石如（1743—1805），安徽怀宁人，初名琰，字石如，清代篆刻家、书法家，邓派篆刻创始人。

二、平生稀见“游存庐”

三十日“午约与百行同往小沙渡谒郑海藏（孝胥）先生。海藏先生今年六十有三，挺健如四十许人，所居室庐绝高敞。一几一榻亦复精好。初次谒见殊无可谈，抵道寒暄致钦敬之意耳。先生知余学石斋（蹇丈致先生书亦及之），因谓黄公之书，初亦学二王，后乃力变其意，自辟一径云”。

郑孝胥，福建人。少时参加福建乡试，名列第一（解元），曾历任广东安徽按察使、驻日本神户领事、广西边防督办等职。他的诗书同被当时认为是同光以来的后起之秀。后来，由于站错了队，戊戌变法失败，他受到牵连。可以说，在大清政府，郑孝胥并不得志。1911年，辛亥革命爆发，结束了中国两千多年的封建君主制，郑孝胥竟又气得死去活来。在别人看来，辛亥革命是一场伟大的变革，可在他看来，这是中国的灾难。他在文章中这样写辛亥革命：“猖狂暴乱，邪说横行，不仁不义，无礼无法。”当清政府发布退位诏书后，他更是慷慨愤怒，发誓要守臣节直到死。

为了证明自己说话算话，郑孝胥跑到上海，以遗老自居。有楼在上海，题曰“海藏楼”，寓居于此。他不问世事，但凡是诗文信件题识，仍用宣统甲子，从来不用民国年号。这只是无声的对抗，在有声方面，他把做了民国之官的最好的朋友臭骂一通：“群盗如毛国若狂，佳人作贼亦寻常。”末代皇帝溥仪的师傅陈宝琛及庄士敦（英国人）极为推重郑孝胥，说他有“骨气”。

沙孟海见到郑孝胥时，后者已在上海蛰伏十二年，表面上看来与世无争，在日后看来正在为自己臭名昭彰的晚节谋求出路。

虽日后被世人视为大汉奸，但当时并未败露，也确是有学问，才得以获“蹇丈”青眼推荐。不过说实话，郑孝胥与一门心思求学的沙孟海无论是人生经历还是当时之成就，并不在一个层面，所幸张美翊先生的面子足够大，两人才得以不咸不淡地打哈哈。但就在并无诚意的寒暄中，郑孝胥倒也给了沙孟海一个有效的信息，“黄公之书，初亦学二王，后乃力变其意自辟一径云”，这无疑是一道光，照见了苦学《圣教序》后者的内心。但到底是否有所启迪，倒不得而知。

吊诡的是，第二天沙孟海就去拜访康有为。

康有为与郑孝胥，都是在戊戌变法中命运拐了一个弯，那一年都在上海这个十里洋场做着寓公。但历史的脚步并不就此停滞，尤其是后者，更将被裹挟进一股浑浊的洪流——在拥戴溥仪成为伪满洲国皇帝的过程中成为被国人唾骂的汉奸。后世史学家因此评论道，康有为与郑孝胥在有一点上是非常相似的——康有为把光绪皇帝“送”进了瀛台，光绪从此失去了自由；而郑孝胥把溥仪送给了日本人，末代皇帝终成傀儡。康有为是戊戌变法的始作俑者和积极的行动者，变法失败后，他又大力鼓吹复辟帝制。在这一点上，郑孝胥倒是与他志同道合，只是溥仪并不喜欢康有为，溥仪与郑孝胥都认为戊戌变法事机不密，致使光绪帝一蹶不振，幽死瀛台。追源祸始，康有为实开其端。溥仪特别信赖郑孝胥，也特别依赖郑孝胥父子。郑孝胥（同时还有罗振玉）与日本人相互勾结，最终将溥仪拥上了“满洲帝国”皇帝的宝座。

戊戌变法中，康有为的首倡精神与积极活动举世闻名，也得到了充分的肯定，而他后来鼓吹复辟，因为违背了辛亥革命的精神，遭到革命者的批判。但以盖棺定论的角度来看，康有为虽有太多政治热情，为人上却比郑孝胥更为纯粹，对书法理论和实践方面的贡献更是远胜于郑。

那天，沙孟海是被安心头陀①叫去的。

1922年旧历腊月十五，安心头陀去上海愚园路的“游存庐”拜访康有为。临行前突然想起好友冯君木曾提起，他的学生沙孟海正在上海谋生，该生在书法上颇有灵性，急需得到沪上书法大师的指导，烦请头陀代为引荐。于是安心头陀便叫上了沙孟海一同前往。

到了康宅，不巧康有为正抱病休养，闭门谢客，遣一潘姓家奴出来致歉。安心头陀知道康有为自海外回国后一直云游四方，居无定所，此次机会难得，又有沙氏同在，便向家奴表达了希望今天能见到康本人的强烈愿望。正在软磨硬泡之际，沙孟海对安心头陀说：“傅研丈（他对头陀的尊称），既然康老抱恙不会客，那咱就约下次吧！反正今天已经领略到康老书法的风采了。”

是日，沙孟海日记记：“康所居在愚园路，自署曰‘游存庐’，三个北碑石门铭体匾额，白板墨书，不加髹漆，笔力峻拔开张，叹为平生稀见。”

康有为幼有神童之称，读书日进，“忽见天地万物皆我一

① 安心头陀（1863—1938），浙江鄞县人，俗名傅宜耘，一作傅研云，法名寂定，自号安心头陀，原营米业，50岁后披剃为僧。曾任宁波白衣寺住持。

体，大放光明”之后，则号称“长素”。尽管三十六岁方始中举，三十八岁才中进士，但在近代中国的政治思想进程当中，康有为绝不容人忽视。

康有为在近代史上之所以暴得大名，正是得益于“戊戌变法”。这场发生于1898年夏秋之交、被概括为“百日维新”的政治变革，史称“康梁变法”。

维新变法失败后，康有为去国离乡，流亡16年，历经三十二国，环球行程总计约6万里。1912年康有为乘长江轮，徐徐驶向上海，面对激流奔腾，回顾当年岁月，深感老之将至，不禁泛起回天乏术、息影林泉的念头。

这位维新领袖人物的最后15年，就在构筑别墅、尽情纳妾、游山玩水的寓公生活中度过。1921年，他在愚园路购地10亩，建造了一座豪华的园林式住宅。康有为在院内挖了大池塘，内可划船，又筑桥建亭，遍种花树1200余株。院中除了原来的动物外，又增添了两只孔雀、一只麋鹿、一只金丝猴、一头野驴和500尾金鱼。

新居落成，康氏作诗自贺，末句为“自有天游入非想，默存独乐始于今”。取其诗意，新居命名为“游存庐”。康氏在此读书写字间隙，或倚栏远眺，或俯瞰庭前孩童嬉戏，或踱到室外，或登假山吟诗，或漫步庭院、抚弄花木。兴之所至，康氏常喜好在“游存庐”书斋中挥毫。当时的官僚、地主、军阀、富商，附庸风雅，趋之若鹜，均以拥有收藏康公墨宝为荣。

那么安心头陀这位化外之人又是如何认识一生投身国事、耽意“天游”，以“素王”“圣人”自居的南海先生康有为先生，并刻意将沙孟海引荐给后者呢？

据沙孟海《僧孚日记》提到，那时傅研云在南洋时认识了当年正在新加坡担任领事的罗文仲①——康有为的二女婿、康同璧②之夫。当时尚未出家的傅研云与罗昌一见如故，听闻傅对佛学颇有心得，罗昌便把岳父遗留在新加坡的一部《圆觉经》转赠给傅研云。此经有康氏光绪二十六年（1900）题字："光绪庚子三月避地新加坡，无书可读，无可遣忧，患者李棠携此来，如星沉海底当窗见矣。神明圆觉或复飞生天上乎。更生。"

傅研云就是凭着这部《圆觉经》，敲开了康有为上海"游存庐"的家门。

回国后，傅研云前往北京法源寺，正式出家，苦修头陀行。自出家之日起，安心头陀就立志成为一名有影响力的僧人。无奈出家时已年届五十，没有时间慢慢修炼，所以不断接近佛门高僧就成为其迅速进阶之法。1924年初，安心头陀开始云游各地宝刹。后收到陈训正宁波来信，恳请他迅速到宁波。安心头陀结束短暂的云游僧日子，回到宁波佛教孤儿院。

宁波佛教孤儿院原本办在紧临白衣寺的普益学校旧址，白衣寺仅作为办公场所。随着孤儿院规模的扩大，原有的校舍已不能满足实际需求。于是孤儿院方面提出借用白衣寺僧舍作为院房，但遭到了僧众的强烈反对。而这个问题，大家觉得可能只有安心头陀能够解决。

① 即罗昌（1883—1956），祖籍广东宝安县，字文仲，梁启超弟子，康有为女婿，民国资深外交家、法学家。

② 康同璧（1881—1969），字文佩，号华鬘，康有为二女。

白衣寺的这个争执实际上是清末以来“庙产兴学”运动的一个缩影，这一提议曾引发民初佛教界的一场“地震”，佛教界有支持者，更有激烈反对者。而“庙产兴学”运动的发起者不是别人，正是大名鼎鼎的康有为。

受僧俗各界一致推举，安心头陀开始担任千年古刹宁波白衣寺住持。

安心头陀接手白衣寺后，旋即进行整顿。完成寺院整顿工作之后，1924年10月，安心头陀准备第四次下南洋。根据以往的经验，在募捐本上若有大人物的题词，往往胜过自己磨破嘴皮。募捐本上还得有画像，以证明向你化缘的这个和尚就是安心头陀本人。他请上海知名画家曾熙为他画了一个全身像，打算再请名人题写像赞。这时候他想到了与佛有缘又名满天下的康有为，于是决定再次叫上沙孟海同往。除沙孟海外，安心头陀此次拜访康有为还带了两位年轻人——张辟方和王司常，这两位随后和头陀一起登上了赴南洋的邮轮。张辟方即沙孟海问业之师张原炜的儿子。

沙孟海终于见到了仰慕已久的康有为。这次会见，康有为现场为安心头陀题写像赞，附记云：“头陀本名安心，然头陀已入欢喜地，行大慈，日以抚孤儿为事，高于安心者，故为易名慈喜云。甲子秋天游化人康有为。”下钤两印，一名印一为维新云云。并在募捐册上写下了“宁波主孤儿院傅研云以养孤儿为事，鞠鞠勤勤煦煦为之，仁者也”。同时又对沙孟海的书法进行了指导，给沙留下了深刻的印象。沙孟海日记记曰：“先生今年六十有七，身躯才及中人，白须疏短状，貌殊睟和，不道其夙昔伟略如此。”

康有为在书法艺术方面所作的贡献，绝不比他在政治舞台上的作为逊色。康氏全力提倡“尊碑卑唐”“尊碑抑帖”。这一主张，对于中国古典书法思想的影响，其振聋发聩，实在不亚于康著《新学伪经考》《孔子改制考》和《大同书》对于中国传统政治思想的撼动。

康有为的书学名著《广艺舟双楫》，而立之年已经完成。他继阮元、包世臣之后，再度极力标举碑学，将魏碑、北碑推到至高无上的位置。康有为的书体，从碑刻中汲取丰富的营养，尤其是在《云峰石刻》《六十人造像》《泰山经石峪金刚经》诸碑中，他涵泳沉潜，创造出独特的魏碑行楷——康南海体。

客观上讲，康氏的成就和霸气与其政治上的视野、名声有莫大关系，并非靠普通的学养功夫能够企及。以年轻的沙孟海之心态，自然只能望其项背，瞬间目瞪口呆。好在沙孟海于书学上是不世出的人才，沙康相会，康有为虽没将谈话持续太久，然而短暂的一次接触也使沙孟海对书学的理解产生了升华，认识到学书目的并不在于把字写得与古人一模一样，而在于融会贯通，形成自己的风格。

“我也曾按照康有为《广艺舟双楫·学叙篇》所启示的程序临写北碑，终因胆量欠大，造诣浅显，比不上别人。但这一过程也有好处，此后写大字，参用魏碑体势，便觉得展得开，站得住。”[①]日后，沙孟海在擘窠大字、书学理论一路，或被称为海

① 见沙孟海《我的学书经历和体会》，西泠印社出版社，《沙孟海全集（五）》第5页。

内第一，或被顾颉刚[①]激赏有加，当然断非康氏一家之功，还有那些星辰一般的名字，如吴昌硕、沈曾植等，闪烁在沙孟海的上空，共同筑基，终于使他在二王之外另辟蹊径，自成一路，并为沙氏一生书学志趣之所在。

三、神交"沈寐叟"

除了上述几人，在沙孟海的内心还拜见了另一个重要的码头。

每读沙孟海《我的学书经历和体会》中"廿三岁（虚岁），初冬到上海，沈子培（曾植）先生刚去世"等句，心中颇有哀叹。沙孟海1922年旧历十月初六到的上海，沈曾植却于三日前的初三日去世，与私淑先生失之交臂，想必心有太多戚戚。

沈曾植，除了习书之人，现在知道的人少了。但仅需举一例，便可知道其是何等人物。前文提到的康有为，名垂近代史，逾百年而不坠。据《沈曾植年谱》："1888年（光绪十四年，戊子）三十九岁。康有为上书变法，朝廷保守派大哗，将逮康，沈曾植劝其作沉迷金石态韬晦。康博览群碑，著《广艺舟双楫》。康甚惮沈，一日说大话，沈云'再读十年书来与吾谈书法可耳'。康愧而退。"

沈曾植（1850—1922），浙江嘉兴人，字子培，号乙庵，"入民国后，自称寐叟，已名不用"。沈寐叟为光绪六年（1880）进士，于经、史、地、佛、医、法、律、诗文并书画无所不通，堪称大家，被晚清学界贤达公认为"硕学通儒"，其书

① 顾颉刚（1893—1980），江苏苏州人，中国现代著名历史学家、民俗学家，古史辨学派创始人。

法更是举世闻名。

沈、康同朝为臣，骨子里都是保皇派，两人自光绪十四年（1888）识荆，遂长相过从，交谊益笃。沈寐叟驾鹤西去，康氏在遗联上题边跋云：“寐叟尚书与吾交垂四十年，无事不共，无学不谈，文史儒玄，冠冕海内，其经国之谋，思君之忠，了彻之慧，近世所少见。若其行草书，高妙奇变，与颜平原、杨少师争道，超轶于苏黄，何况余子？”

寐叟去世前居麦根路，康寓新闸路，相距仅十余里。沈、康联手最后为朝廷出力的当是“丁巳复辟”，亦称“张勋复辟”。民国成立后，清王朝遂宣布退位，康有为则认为“中国帝制行已数千年，不可骤变”，宣称“民主之政，必不可行于王国”，因此应实行“复辟之举”，恢复清王朝统治；沈寐叟也在《大公报》上公开发表政见，认为：“无群臣，则无尊卑，无上下，无秩序，无经律……为当道谋，除复辟不足自存。”

复辟最后差不多是一场闹剧而已，但在当事者心里自不待言。著名学者、寐叟弟子王蘧常[①]也在《沈曾植年谱》中谈道：“民国五年（1916），公（沈寐叟）六十七岁。春，默与更生有为等往筹划，常夜以继日，其尽谋硕算，事秘，所世莫可得其详。”“事未成，公痛心，不欲为人道。”复辟失败，寐叟心境是沉重的。《沈曾植年谱》有以下录述：“七月抄，公航海南还，悲咽转深。冬大病，涉春方愈，自后不常下楼，若有所思。”

政治上的追求和行动，属于人各有志，虽云“复辟”是开历

① 王蘧常（1900—1989），嘉兴人，中国哲学史家、历史学家、著名书法家。

史倒车，沈、康幕后推动自然也不光彩，但难掩沈氏作为“硕学通儒”、一代书家的形象。

沙孟海《我的学书经历和体会》接着便说：“我一向喜爱他（沈曾植）的书迹，为其多用方笔翻转，诡变多姿。看到他《题黄道周书牍诗》：‘笔精政尔参钟、索，虞[①]、柳[②]拟焉将不伦’（宋荦旧跋说黄字似虞世南、柳公权），给我极大启发，由此体会到沈老作字是参用黄道周笔意上溯魏、晋的。”

嘉道以后，由于大量古碑版器物出土，兴起了金石学，小学家、金石家大量涌现，影响到书法领域，更是书风为之一变，出现许多擅长写碑风格的书家，如洪亮吉[③]、孙星衍[④]、桂馥[⑤]、伊秉绶[⑥]、何绍基[⑦]、邓石如、赵之谦、吴让之[⑧]等等。与此相呼应的是书学界则出现阮元[⑨]的“北碑南帖说”，提倡学碑。再经包世臣[⑩]的阐扬，蔚然成风。至康有为出，尊碑抑帖之说臻于顶点。风气使然，沈曾植也主攻北碑。值得一提的是沈曾植在戊戌

① 虞世南（558—638），今浙江省慈溪人，字伯施，南北朝至隋唐时书法家、文学家、诗人、政治家。

② 柳公权（778—865），今陕西铜川市耀州区人，字诚悬，唐代著名书法家、诗人。柳公权书法以楷书著称，与颜真卿齐名，人称“颜柳”，又与欧阳询、颜真卿、赵孟頫并称“楷书四大家”。

③ 洪亮吉（1746—1809），清代经学家、文学家。

④ 孙星衍（1753—1818），清代著名藏书家、目录学家、书法家、经学家。

⑤ 桂馥（1736—1805），清代书法家，文字训诂学家。精于考证碑版，以分隶篆刻擅名。

⑥ 伊秉绶（1754—1815），清代书法家，喜绘画、治印，亦有诗集传世。

⑦ 何绍基（1799—1873），晚清诗人、画家、书法家。

⑧ 吴熙载（1799—1870），清代篆刻家、书法家。

⑨ 阮元（1764—1849），清代著作家、刊刻家、思想家，在经史、数学、天算、舆地、编纂、金石、校勘等方面都有着非常高的造诣，被尊为三朝阁老、九省疆臣，一代文宗。

⑩ 包世臣（1775—1855），清代学者、书法家、书学理论家。

变法后，曾力劝康有为著《广艺舟双楫》。

沈曾植书学思想前后经历了几个阶段的变化：早年受包世臣的影响，笃信黄小仲的“始艮终乾”和包氏的“中画圆满”之说，于用笔的方法用力甚多，对唐代张怀瓘[①]《药石论》中的“一点一画，意态纵横，偃亚中间，绰有余裕”最为心仪。中年由帖入碑，嗜张裕钊[②]书法，对《张猛龙碑》《高湛墓志》《敬使君碑》等碑非常推崇，于结体注意颇多。光绪壬寅以后，他渐渐地将精力转到书画上面。但那时他对帖有些生疏，在《旧拓圣教序跋》中自认为“性乃不近”，可推知其心绪了。晚年则碑帖相融，讲究会通，沉潜于古今嬗变之理，持论精微，常发前人未发之论，如他在给门人信中提到“冬心开顽伯之先”；又如他在《菌阁琐谈》中提到“李斯亡篆以简直，中郎[③]亡隶以波发”等等。

章草字体成熟于东汉，并形成了中国文化史上第一个书法热潮——草书热。章草字形脱胎于隶书，是“隶书之捷”。之后，这一古老的字体一度沉寂，直至元代赵孟頫提倡书法复古运动，并认为章草是草书之源，兴起了二度章草热，并一直延续到明代。到晚清和民国，古老的章草再度焕发生机，为许多文人书家看重，形成第三次章草热，沈曾植正是其中的代表。

① 张怀瓘，海陵（今江苏泰州）人。唐代书法家、书学理论家。

② 张裕钊（1823—1894），晚清散文家、书法家。

③ 即蔡邕（133—192），今河南省开封人，字伯喈，东汉文学家、书法家。汉献帝时曾拜左中郎将，故后人也称他“蔡中郎”。

而沙孟海正是在近现代章草热的背景之下离开了宁波，初到上海私淑的第一位书家就是沈曾植——20世纪初海上章草书法大家，取法章草、简牍、钟繇、索靖、二爨及各种北碑，融碑于帖，开一代章草书风。沈曾植于是成为沙孟海早年衷情的书法家，在沙孟海自述《书学师承交游姓氏》中把沈曾植列为六位“私淑”的书法家。可见沈曾植对于沙老的影响。对于沈曾植，沙老既佩服他的学问和悟性，更佩服他的创新精神：“他是个学人，虽然会写字，专学包世臣、吴熙载一派，没有什么意思的；后来不知怎的，像释子悟道般的，把书学的奥秘‘一旦豁然贯通’了。他晚年所取法的是黄道周、倪元璐，他不像别人家的死学，方法是用这两家的，功夫依旧用到钟繇①、索靖②一辈子的身上去，所以变态更多。专用方笔，翻覆盘旋，如游龙舞凤，奇趣横生。”

沙孟海说“给我极大启发”，此话不谬。他由此体会到沈曾植作字是参用黄道周笔意上溯魏、晋的。他就进一步去追黄道周的根，直接临习钟繇、索靖诸帖，并且访求前代学习钟、索书体有成就的各家字迹作为借鉴，如唐代的宋儋③、宋代的李公麟④、元末的宋克⑤等人作品都曾临习取法。

从中可以窥见沙孟海章草学习的取法路径，他学习沈曾植

① 钟繇（151—230），今河南许昌长葛东人，三国时期曹魏著名书法家、政治家。与王羲之并称为“钟王”。

② 索靖（239—303），今甘肃敦煌人，西晋将领、著名书法家。

③ 宋儋，唐代广平（今河北）人，善楷隶行草，笔墨精劲。

④ 李公麟（1049—1106），北宋著名画家。时推为“宋画中第一人”。

⑤ 宋克（1327—1387），今江苏苏州人，素工草隶，深得钟、王之法，笔精墨妙，风度翩翩。

是用“穷源竞流”的方法，以沈曾植为学习的契机，追索沈曾植的根：沈曾植→黄道周→钟繇→索靖，又访求学习钟、索有成就的各家字迹：宋儋→李公麟→宋克→黄道周→沈曾植，形成了章草学习的一个循环。从系统论的角度来看，这种对取法对象“穷源”式的学习方法，有着极强的科学性与学术意识。

6年后，沙孟海作煌煌书论，独辟一节为“于二王以外另辟一条路径的”，此节如下：

> **黄道周**，字幼平，一字幼玄，号石斋，福建漳浦人，官礼部尚书，武英殿大学士，谥忠烈。□□明季书家，可以夺王铎之席的，只有黄道周。黄道周学问品格，皆第一流。他对于书法，要在二王以外另辟一条路径出来。他大约看厌了千余年来陈陈相因的字体，所以会发这个弘愿。我们看了郑杓的《书法流传图》，便见到羊欣、王僧虔以下的历代许多书家都是王羲之一本相传的。王羲之的字，直接受自卫家，间接是学钟繇的，图中对于钟繇系下，除却他的儿子和外甥外，更没有嫡传的人。黄道周便大胆地去远师钟繇，再参入索靖的草法。波磔多，停蓄少；方笔多，圆笔少。所以他的真书，如断崖峭壁，土花斑驳；他的草书，如急湍下流，被咽危石。前此书家，怕没有这个奇景罢。
>
> **倪元璐**，字玉汝，一字鸿宝，浙江上虞人，官至国子监祭酒，赠少保，吏部尚书，谥文正。他和黄道周同时，而且道同志合，很交好的。明亡时，他们都殉国

而死。他们平素为学，崇尚节概，严正之气，流露于行间字里，和赵孟頫、王铎一辈子，自然两样。倪元璐的字，用笔和黄道周方法相同，比较的有锋棱，有色泽。他们都会写字，也都会写画。黄道周字的功力较深，画的功力少些；倪元璐刚反一个面。所以倪字没有像黄字那样规模之大。

倪元璐、黄道周、王铎三人，天启二年进士同年。他们在京里，相约学书，都很要好，后来便分做两路了。最希奇的是字的体制也截然两路。说艺术是人性的流露，引他们三人做例子，再恰当没有了。

沈曾植，字子培，号乙庵，又号寐叟，浙江嘉兴人，官安徽布政使。□□学黄道周字的很少，我所仅能找到的，只有一个钱朝彦——很不著名的。这个人学黄道周，像是像极了，可是没有他自己的个性，且也谈不到“发挥光大”。直等到清之季年，有位大家出来了——就是沈曾植。

这，其实就是沙孟海自我书风转变的真实写照。可足印证的尚有如下记述：

1925年，十一月，沙孟海日记云：“沈乙闇题石斋尺牍诗云：笔精政尔参钟、索可谓知言，石斋真书师钟草书师索也。石斋之论书云：书字自以遒媚为宗，加之浑深不坠佻靡，便足上流矣。学公书当于此三语留意之。”

现在读来貌似云淡风轻，但对于一个幼承庭训，虽年轻但习二王多年并卓有成效的书法家而言，实在是一次自我颠覆和革命，而这正是由沙孟海的神交“沈寐叟”所启动的。

四、出入海上吴门

吴昌硕，中国近、现代书画艺术发展过渡时期的关键人物，“诗、书、画、印”四绝，晚清民国时期著名国画家、书法家、篆刻家。吴氏艺术另辟蹊径、贵于创造，最擅长写意花卉，他以书法入画，把书法、篆刻的行笔、运刀、章法融入绘画，形成富有金石味的独特画风；他以篆笔写梅兰，狂草作葡萄，所作花卉木石，笔力敦厚老辣、纵横恣肆、气势雄强，构图也近书印的章法布白，虚实相生、主体突出，画面用色对比强烈。

1913年春，吴昌硕迁居闸北区山西北路吉庆里923号（今山西北路457弄12号），在上海的14年正是吴昌硕艺术创作最鼎盛、艺术成就最辉煌的时期。由吴昌硕所领衔的上海士大夫书画群体，打造了海派书画的鼎盛期。

不管是百年之前还是当下，对吴昌硕怎么赞誉，均不为过。但1922年年底，本文传主沙孟海，和吴泰斗已有一面之交，虽有张美翊的引见信和朱复戡的穿插，不过还完全没有进入后者的视野。他倒是和任伯年的儿子任堇叔相处莫逆。

任伯年是吴昌硕的绘画老师，海派书画领军人物，以其深厚的绘画功力和卓然超群的天才悟性，不仅拓展了中国百余年来绘画程序的传统规范，也给百余年来的中国画坛带来了巨大的影响，并树就了新的里程碑。他绘人物花卉鸟兽居多，兼画山水，为多面手画家，有天才画家之称，被画界冠之以旷世奇才，其人物画更被徐悲鸿称之：自仇十洲后第一人。

任伯年有二子二女。长男即为任堇，善跋文，精文辞，亦工于画。书法尤胜，为钟繇一路，名重一时。国民政府监察院院长兼书法大家于右任青睐其才，有意提携，无奈堇叔不好权贵，性情不羁，酷似乃父，遂失官宦生涯，然毫无悔意，尤为时人称道。

据刘新先生所著《翰墨人生》第37—38页："在任堇权[①]（任伯年之子）和画家俞语霜等人举办的'题襟馆书画社'里，沙孟海成了常客。他们互相攀谈对祖国的书法绘画艺术的见解，十分投机，彼此都有相见恨晚之感。有一次沙孟海拿自己学黄道周的小楷请他们指教，引起了他俩的震惊。俞语霜认为沙孟海的小楷拙朴遒劲，别具一格，既有历代名家之骨法，又有自己的新意。俞语霜仔细看了又看，爱不释手。他当时正与李怀霜创办一个出版社，决意推荐沙孟海写一套小楷做铅模，以刻制出版。沙孟海认为这是一件很有意义的事，便欣然答应了。不料俞语霜突然厌世自杀身死，此事遂搁置。俞语霜的自杀，对沙孟海感情上刺激很大，使他深感当前这个社会的黑暗和残酷。"

1923年十一月，"癸亥十月六日'仲弟迎娶，贺者二百余人'。新娘王弥，字季远，奉化县所属王家山人"。在二弟结婚之后，沙孟海日记记载："游停云社晤山阴任堇叔，堇叔为伯年先生子，书画皆工善。吴缶翁始办题襟社，旧在汕头路，吴年老不常至，俞语霜住社中若主办。语霜殁后，社分为两，其一在福

① 应是任堇叔之误。

州路因其旧颜，一即停云社在麦底安路，堇叔为其领袖矣。”

停云书画社1921年成立于上海法租界麦底安路，该社注重自由交流和平等对话，不设社长，雅集气氛浓郁。

任堇年长沙孟海19岁，虽才高绝伦，但和俞语霜一样，在书画界人才鼎盛时期，他们混得并不算好，故而容易与沙孟海这个有才华，又和他们师长有一定渊源的外来青年才俊成为好友。沙孟海也在日记里盛赞任堇：“堇叔文事甚佳，吾师尝称之。堇叔又工书，大字苍劲如盘龙，小字师元常尤精妙，并世殆罕其匹。”这个评价不可谓不高。

有才，但日子确实也不好过。沙孟海日记不止一次提到任堇的窘况，与友人往“访任堇叔，其居处书籍凌乱几同于余，然其物具皆并精好，盖大半为伯年先生故物。……堇叔兼善诗文书画篆刻诸艺，生平藉是自瞻。顷过其寓，见索房租者至，无以酬付，告且缓期，其人始不肯，费许多口舌才允诺。贫穷真乃文人家珍，子云退之乃欲逐之使远，将可得乎哉”。

某日又记：“刻山阴任堇四字，仿撝叔白文，颇有浑厚之致。王冰生谓堇叔未尝请人镌印，独见余所为而好之，故以相烦。余因亦郑重出之，不欲草草塞责也。”于是，“为任堇叔刻须曼那室印，略用撝叔橅古币文法”。

由此看来，沙孟海初到上海，遍访名家之始，尚未真正融入他们的朋友圈时，是和任堇先互为知己，他们互相欣赏、珍重。只是，一个海派领袖之子，命途竟如此崎岖，百年之后看来，也唯余一声叹息。

日子就这样奔腾着往前过着，沙孟海忙碌但也有成就感。差不多过了有一年，发生了戏剧性的一幕。

1924年岁末，吴昌硕在海上词人况蕙风[①]家闲坐时，发现了沙孟海刻的印章，当即挥笔书道：“虚和整秀，饶有书卷清气。”

况蕙风“生平著作甚富，词最多亦最有名，所称晚清四家临桂王半塘[②]（鹏运）、归安朱强邨[③]（孝臧）、北海郑叔问[④]（文焯），其一即先生也”。“朱炎父赁屋和乐里与况夔老比邻，因与之相识。况先生之长君又韩[⑤]（维琦）顷在修能，炎公为余绍介，其人能画，始二十岁。而君木师则早在半月前已与临桂况夔生（周颐、蕙风）先生相识。”

有意思的是，沙孟海明明知道况蕙风以词名闻天下，却拿了印存二册叫朱炎父呈视况先生求为评正。实则里面还有细节。原来况先生是沙孟海本师冯君木女儿亲家，与缶翁往来特多，甚得尊重。郑逸梅[⑥]《艺林散叶》[⑦]有记：“吴昌硕甚谦抑，作诗常请况蕙风润色，致函称蕙风为吾师。”果不其然，“炎公顷语余谓，况先生极口赞许云：是陈秋堂一流，益研究小学，博观金

---

① 即况周颐（1859—1926），广西桂林人，字夔笙，一字揆孙，别号玉梅词人、玉梅词隐，晚号蕙风词隐。

② 王鹏运（1849—1904），晚清官员、词人。

③ 朱祖谋（1857—1931），浙江吴兴人，原名朱孝臧，字藿生，号沤尹，又号强邨。为晚清四大词家之一。

④ 郑文焯（1856—1918），晚清官员、词人。

⑤ 况维琦，广西桂林人，况蕙风长子，居上海，渊源家学，兼擅绘画，工山水，有尺幅千里之势。

⑥ 郑逸梅（1895—1992），江苏苏州人，17岁开始为报刊写文史小品。

⑦ 以笔记文体琐记近现代文史掌故，文字短小精悍，叙述亲切生动，兼具史料性和趣味性。

石文学，将未来可限量。又谓篆刻上者以神行之，其次当以意行之，余所作惟少苍劲之气，此自有关年龄可俟诸异日”。

陈秋堂即钱塘陈豫钟（1762—1806）之号，其字浚仪，治印与陈鸿寿齐名，时人或附之于西泠四家（丁敬、蒋仁、黄易、奚冈）之后，称“西泠六家”，加上赵之琛、钱松，合称“西泠八家”，后四人即两陈、赵、钱，又称“西泠后四家”。叶舟《广印人传》为之立传，评曰：“专宗龙泓（丁敬），兼及秦汉。”纯是浙派传人。《广印人传》，辛亥初刊世，缶翁为参阅人之一，当知是评。而沙孟海早年刻印并非纯出浙派，《沙邨印话》有称“早岁治印，喜为㧑叔”。证之篆刻，甲子以前所作，“静、润、韵”三字尚可泛论，然与浙派尤其陈秋堂之循规蹈矩、墨守丁敬者，虽并见平稳秀润，终归二途。即为蕙风所刻，其前甲子腊月之“背尘乃能合觉”，乃似汉将军印，后之乙丑所刻如元旦之“常利”，二月之“有殷勤之意者好丽”和“好丽楼”印，六月“丽娃乡循吏祠奉祀生”以及“受天雅性生不杂玩”诸印亦均出汉印，直与秋堂神形迥异。关于此事，《沙邨印话》亦有记：“蕙风丈素好余印，《餐樱庑漫笔》时及之。比余于陈秋堂，且谓有‘静、润、韵’三字之妙。”此题记在甲子年十二月二日，正值沙先生初见缶翁一周年。

由此看来，况蕙风先生实是鉴赏大家。而从沙孟海日记流露，比之于陈秋堂，他并不反对，反而是坦然受之。于是才有了况蕙风给吴昌硕郑重推荐的一幕。

“况先生以余篆刻不俗，曾语朱炎父，谓将示缶老，昨日缶翁适来，因使题语册端。吴年愈八十，已病重听，当其下笔时，先生戟二指谓炎父曰，今日为沙生攫得二十金矣。盖缶翁润例题端跋尾需银二十两也。余于壬戌冬始来沪，蹇丈以书介余谒见缶翁，其后偶有晤及，略复接谈，未及所刻出而就正，不意今日由况先生转视之。翁题语云：虚和整秀，饶有书卷清气，蕙风绝赏会之，谓神似陈秋堂，信然。”

一代宗师，书坛、印坛、画坛泰斗对一个来自乡下的后生小子做出如此评价，又岂止“二十金”矣。沙孟海知道后自然激动不已，不久就拿着自己新刻的作品登门求教。

1925年二月，沙孟海由冯君木介绍至修能学社作国文教师，并随师住在社内，离吴寓甚近，缶翁时居山西北路吉庆里，因而常追随况、冯二位过谒缶庐，缶翁亦常来社中访谈，接洽既频，言语便多。《僧孚日录》四月记：“夜侍冯师及况蕙风、朱强邨两先生过访吴缶翁，缶翁极赞余篆刻，谓字字从书卷来。……翁又示余以其四十余年前旧作削觚庐印存，皆子史成语，访古鉨陶器者为多，有杨见山、冒广生、秦缃业等题诗，往见西泠印社锌版仿印本，然题诗皆未录。翁又以其诗集分赠师及余各一部，集凡四卷吴兴刘承干所为刻也。”

五月又记之：“古鉨印语句绝离奇有不可解者，如曰交仁必可，曰勿半非有，曰相思得志，曰士行，曰真心，皆不知何处用之（十钟山房列此类印于周秦印中）。尝见吴缶庐摹相思得志四字与友人札牍辄用之。夜漏三下，亦仿缶翁所为，颇神似也。”

“以近刻印存就正缶翁先生，翁为题卷耑云：

浙人不学赵扮叔，偏师独出殊英雄。

文何陋习一荡涤，不似之似传让翁。

我思投笔一鏖战，笳鼓不竞还藏锋。

玩其语意，知此老论印不与㧑叔，意欲余改乘辕而北倾向让之。让翁神韵故当胜于㧑叔，而㧑叔平实雅秀功力有余，学者取径于此可以无弊，犹之文章之桐城派也。刻印要兼师众长，不拘樊篱，久而久之自成一家面目，此则鲰生之志也。”

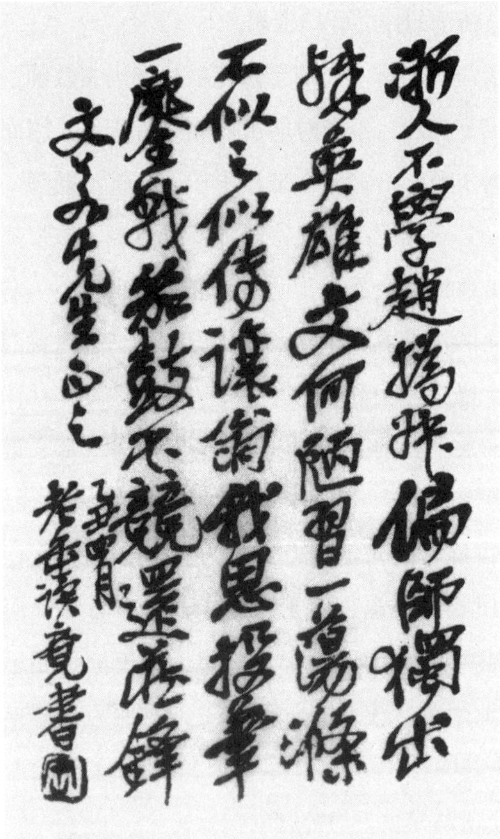

吴昌硕题词

此“鲰生之志”后来在《沙邨印话》中又重申之，并强调说：早岁治印，喜为㧑叔。乙丑四月，缶庐丈题余印存，乃云“浙人不学赵㧑叔”，又云“不似之似传让翁”，盖讽之转旆也。缶老亟称让之，然其集中为让之体者，亦复不多。通观全稿，浑刚苍古之气，不可逼视，让之对之，故当却步。余近作亦不肯嫥为谁体，老杜云，“转益多师是汝师”，吾意亦犹之。

是次题耑，缶翁已非作临时之应酬，当是见过沙孟海亲呈印存后专门写的。虽然吴昌硕论印，有溢美和意气之可能，但以如此肯定语气褒奖，几乎把沙孟海放到了偏师独出、开宗立派之高度，实未多见。这相当于给沙孟海在篆刻这所高等大学，由校长亲自颁发了毕业证书，并加了“此道已站得住”的特别优等考评。自此，沙孟海足可以独立的印学人格，与各路英雄风云际会于大上海。

从此之后，直至吴昌硕去世，沙孟海有了更多求教的机会。

七月。“一日晚吴缶翁来社，呈视近刻。翁谓：‘李景韩所藏书画、洪儒训印、凿山骨、葛旸唯印、沙文若、养欢喜神诸印’最佳。‘依然旧风味’、‘须菩提’二印未尽善也。”

八月。“暑期曾回甬返家一行。舟次‘阅吴让之印谱，缶翁所极倾倒者。翻观全谱，其精者虽与缶翁不相上下，然就通体言之，殊不及缶翁，不识缶翁何以叹慕至此。又让之于印之制度亦不甚讲究，如仲海父印之类，古无此例也。此等疵病扐叔缶翁皆无之，惟完白亦不免’。”

十月。“侍师及强翁巨来同谒缶庐先生，以近刻印存一册就正。缶翁翻阅数过，为言得失渐肯实谈，不若前时一味以世法对人也。册中诸印翁所赞许者为：远翁审定、宛颀、丽娃乡循吏祠奉祀生、沙文若唯、兰沙馆五印，谓芳伊手拓四字嫩。翁又谓此印谱何不印行，余以未善对，翁曰吾为汝审定之，余闻言大喜过望。迟日当携旧作七册就翁选别也。”

“吴先生语余刻玛瑙印宜用劣力，以火烧之令红，骤然刻入自能使石质炀化，大致既具乃用好刀修削，此秘术也。”“先生又谓清之中叶浙派盛行，海内学者靡然向风，然墨守成法久亦无味，惟叔盖鼻山力自别异，一变至鲁，㧑翁亦知此意而遁避已甚，转少逸致。”

十一月。“缶庐先生来携还印存七册，已为余选定加圈于其旁，计前四册圈者十之四，后三册圈者十之六。细阅一过，其取舍之亦略可言。大抵质朴者奇巧者为上品，其次并取纤细工能一派以为别具格式。先生之所不取者约有两种，一为白文之师㧑叔者，一为朱文之厚边细画者。后一种余印存中最多，若癸亥旧作绰如二字小印及今春所刻水精印为余所最惬意者，先生皆未许也。”

十二月。“缶庐先生来社，先生见余所书楹榜甚加赞许，并命书一耦曰润笔几何，坐中皆大笑，先生又曰真言耳，其风趣如此。”

1926年，一月。“与百行同谒缶丈，晤海门王启之[①]（贤），缶丈弟子也。馆缶丈家课其诸孙。书画篆刻举肖其师，诗亦规步师法，并能鼓琴。后过启之室请其鼓琴作平沙落雁一曲，音声清幽而多抑扬，为它乐器所未有。余今夕为初次听人弹琴，殆有闻韶之乐，古风浸微，操缦之人，几将绝迹，不特广陵一散也。”

五月。“缶丈言山阴任伯年先生少时失学，来客上海，寄食装潢肆中为主人写画，后以事引去，有某姓者客之，使作扇头

① 即王个簃（1897—1988），江苏省海门人，名贤，字启之。27岁去上海为吴昌硕西席，兼从吴学书画篆刻，为入室弟子。

画，伪托任渭长[1]之名售之市上，其值至微，人竞购之。久之始稍稍用己名。是时名曰小楼，对人言每称渭长之侄，其实渭长萧山人，固漠不相干也。又久之，其名渐着。一日渭长阜长兄弟来上海，人有询及小楼者，二任不知也。其人导之过伯年。二任观其所作画，笔气乃大好，不与通姓名，即嘱其写一帧约明日来取。至期，二任躬往取之，佯称未携润笔，盖随至旅店取之乎，伯年从之。既至，乃问渭长是君叔父否，曰是。又问君知我何人，曰不知也，渭长大笑语以实，伯年因大惭谢过。渭长曰无伤也，观君画笔自越常伦，即令从阜长学画，由是大进，至今称三任焉。”

六月。“缶丈来，师与余前日持笺匄缶丈书画，业已写竟，顷自携来。为师作墨菊数枝，为余临石鼓数行，余得之喜甚。”

这一年，经本师冯君木同意，沙孟海正式兼师吴昌硕。

兼师，是王个簃出的主意。王个簃刚到上海时是在吴昌硕家做家庭教师，后列入门墙，且住在缶庐楼下。沙孟海与之获交之后，晨夕过从，关系日近。个簃长三岁，其侍奉师长，最得心契，“引进晓教，有愈等伦”（沙孟海《个簃印集后序》），唯其主张“转益多师”。他因仰慕冯君木而欲师之，建议沙亦兼师缶翁。同声相应，各遂其愿，终于成为双重同门。近世学缶翁者甚多，而能自守者实鲜，盖不若王、沙之善学。王、沙之兼师，在当时门第观念深厚的时代，都得了师长之认同，并与同乡潘天

① 即任熊（1823—1857），浙江萧山人，清代晚期著名画家，“海派”艺术的代表人物之一。

寿，及齐白石[①]、王一亭[②]、赵云壑[③]、陈师曾[④]、陈半丁[⑤]、李苦李[⑥]、朱屺瞻[⑦]、吴茀之[⑧]、诸乐三[⑨]、朱复戡等成为同门，可谓一段艺坛佳话。

1927年，三月。"孟察来谓曾侍师过谒缶丈。……丈今年八十四矣，耄耋之年犹勤于吟咏，新岁以来积诗已十余首。其季君东迈称，丈枕上得句，辄披衣起写出之，因而受寒致患风咳。一日又欲作诗，家人阻之，丈发怒倒地上不肯起来，东迈大惧，走谒强丈求为缓颊，此亦名人之趣闻也。"

沙孟海《我的学书经历和体会》："在我廿五岁至廿八岁四年中间，得到吴先生指教较多。听他议论，看他挥毫，使我胸襟更开豁，眼界更扩大。我从此特别注意气魄，注意骨法用笔，注意章法变化，自觉进步不少。"

① 齐白石（1864—1957），湖南长沙府湘潭（今湖南湘潭）人。原名纯芝，字渭青，号兰亭。后改名璜，字濒生，号白石、白石山翁、老萍、饿叟、借山吟馆主者、寄萍堂上老人、三百石印富翁。是近现代中国绘画大师，曾任中央美术学院名誉教授、中国美术家协会主席等职。

② 即王震（1867—1938），湖州人，字一亭，号白龙山人、梅花馆主、海云楼主等，法名觉器。清末民国时期海上著名书画家、实业家、杰出慈善家、社会活动家与宗教界名士。

③ 赵云壑（1874—1955），江苏苏州人，善绘花卉、山水，兼擅篆刻，亦能草书。

④ 陈师曾（1876—1923），今江西省修水县人，又名衡恪，号朽道人、槐堂，美术家、艺术教育家。

⑤ 陈半丁（1876－1970年），浙江山阴（今绍兴）人，原名陈年，画家。有《陈半丁画册》传世。

⑥ 李苦李（1877—1929），祖籍绍兴，名祯，字晓湖，别号苦李，以号行，著名画家、篆刻家。

⑦ 朱屺瞻（1892—1996），江苏太仓人，擅山水、花卉，尤精兰、竹、石。

⑧ 吴茀之（1900—1977），浙江省浦江县前吴乡前吴村人，现代浙派中国画首领人物。

⑨ 诸乐三（1902—1984），浙江安吉鹤溪村人。著名国画家、杰出的艺术教育家。

五、定润例

沙孟海初到上海次月，也即1922年12月，日记载："蹇丈为余写定润例，用曲园[①]放唐人行卷格，书绝疏宕，似山谷[②]晚岁作。……又感前辈推奖之意，因即命工付刊。录其小引云：吾乡沙某通说文小学，好古文辞，作书效黄石斋，篆刻得鹧鸪先生之意，谢山太史所谓不钩之钢也。今授馆海上不能无应酬笔墨，为定书例如左云云。"

请人作诗文书画的酬劳称之为"润笔"费，而润笔费的标准叫"润例"，源出《隋书·郑译传》："上令内史李德林立作诏书，高颎戏谓译曰：'笔干。'译答曰：'不得一钱，何以润笔？'"

润格有自己特定的格式。通常情况下，润单必有以下内容：推荐语、引言或介绍，所应的范围、价码。如单项书法，如书印两项，又如书、印或文章。如是单项书法，会说明书体、尺寸、字数；如是篆刻，会注明材质、朱白文、字数，有些印人对边款也视文字多寡收费。中国画也是，从样式、尺幅甚至内容作规定。

随着经济的发展和交流的增加，兼之书画市场大量的需求，润笔在20世纪20年代前后的上海大行其道。一如康有为，润笔费

① 即俞樾（1821—1907），浙江德清人，字荫甫，自号曲园居士，清末著名学者、文学家、经学家、古文字学家、书法家。

② 即黄庭坚（1045—1105），今江西修水县人，字鲁直，号山谷道人，北宋著名文学家、书法家，为盛极一时的江西诗派开山之祖，与张耒、晁补之、秦观合称为"苏门四学士"。生前与苏轼齐名，世称"苏黄"。

就是他的很大一笔收入，其在报刊上登载卖字润格广告，或在上海、北京各大书店放置“康南海先生鬻书润例告白”，中堂、楹联、条幅、横额、碑文杂体，有求必应，无所不写。同样，作为海派代表人物的任伯年、吴昌硕等差不多都明码标价收费，因而他们的书画流传后世甚多，与这不无原因。

康有为润格：“中堂七尺者三十圆（银圆），每减一尺减二圆，每加一尺加二圆；小横额三尺内二十圆。磨墨费加一（圆）。”至于为厅堂楼阁题写“匾额”，价格就更高了。当时的官僚、地主、军阀、富商，附庸风雅，趋之若骛，纷纷收藏康有为的字书，据说此项收入每月就在1000银圆左右。

吴昌硕1913年订《缶庐润目》：“堂匾廿两，斋匾八两，楹联三尺三两、四尺四两、五尺五两、六尺八两，横直整张四尺八两、五尺十二两、六尺十六两，书画一例，条幅视整张减半，琴条四两，书画一例，册页执折扇每件二两，一为度，宽则递加，上记：每两依大洋一元四角。”

1922年，78岁的吴昌硕重新推出“缶庐润格”已是：“堂匾三十两，斋匾二十两，楹联三尺六两、四尺八两、五尺十两、六尺十四两，横直整幅三尺十八两、四尺三十两、五尺四十两，山水视花卉例加三倍，刻印每字四两，题诗跋每件三十两、每两作大洋一元四角。”

根据文后最后一句，九年之间银两和大洋的兑换比例没改，但润例涨了不少。

在这样一个自由的市场经济状态下，润例谁都可以自由地定，关键是要有人来买单。能被市场认同，就需要过硬的功底，全面掌握各种字体，并能得到前辈名家支持。

沙孟海小时家境尚可，随着兄弟增多和父亲过早离世，早已经过惯了穷人孩子早当家的生活。按照他的心性，并不屑于卖字为生，虽然上海居之不易，靠他的家庭教师收入，自家过日子当无问题。但他不仅要赡养两代寡母，自己的孩子也一个个出生，更重要的是，当时为了让他外出读书是以诸弟辍学为代价的，这使他有一种强烈的负疚感，所以他立志要把四个弟弟都带出山村，接受理想的教育。至1926年，除了年岁尚幼的五弟文度，其余三个兄弟都已出外读书。二弟文求高中毕业后先考入上海大学，后来文求要求转学复旦大学物理系，尽管复旦学费甚巨，沙孟海仍毫不犹豫地支持弟弟实现了自己的愿望。如此一来，经济拮据便是常事。通过卖字能提高收入，何乐而不为！况且早在宁波读书时，城隍庙就有人仿他的作品出售。

据沙孟海1922年12月日记，由张美翊作推荐语，出台了他的第一份润格。具体价码语焉不详。

当时上海滩仕宦商贾每遇婚丧寿宴，多喜欢馈赠书画艺术品，雅而不俗。沙孟海的书法本就已臻一流，在前辈提掖下，在上海滩逐渐有了名气，又只有二十几岁，出手快，有急需赶时间的活计，人们总喜欢找他，生意日渐红火。于是经常天才蒙蒙亮，沙孟海已经端坐堂屋裁纸磨墨，开始了忙碌的一天。

四年以后，1926年，沙孟海特作《润约》一文：

> 文若橐笔食力，薄游沪上，三年于兹矣。粗解文事，游习小艺，染翰煮石，意在自娱，匪为人役。而棘

刺之术未工，户限之木已损。缣素充几，牙石衍箧，尽气毕力，莫竟其偿。而人不知余之不肖，重以祝嘏铭幽之文来相督责。繁简并命，大小杂进，程期急促，不可转侧。昼日不给，继之以夜。餐不得甘饱，眠不得宁帖，顾此则失彼，应甲则遗乙。谴让满前，怨讪在后。家故贫薄，瞻生多阙；阖门十口，恃此微驱。而秉体孱尫，一受煎迫，齿痛目赤，肠腹闷积。朋辈顾视，辄用忧虑。夫以为人之故，而使问学失藏修之素，体干违调摄之方，交游增凉薄之望，生计乏弥补之策，人生实难，斯诚何苦矣。郑译有言："不得一钱，何以润笔。"夫文事微尚，宁能货取。生虽寒素，亦知茂勉。自亵若此，宜可悯惜。用立润约，敢谂远迩。约曰：

凡书：楹帖修四尺者银三圆，四尺以上尺益二圆。屏风四尺者扇银二圆，四尺以上尺益二圆。横幅称是。整幅倍之。署书以字计，尺以内字二圆，尺以外倍之，大逾四尺又倍之。碑版每百字十圆，不逮百字视百字。盖额十圆。卷册方一尺二圆。便面二圆。金笺益什之二。作籀篆倍之。僮佣研磨之资什之二。

凡印：花乳石字二圆，象齿倍之。过大过细亦倍之。水晶贞玉之属不应。

余年未三十，胸无墨气，腼颜粥文，必遘世訾。然索者既夥，辞之不获，而一文之成，动彻昏晓，其为艰苦，视上二者何啻什倍。夫夺作书治印之时以为文辞，而不获与作书治印同其劳酬，亦事之不平者也。书印约讫，殿以文约：

凡文：寿言哀诔之属六十圆。传志百圆。短章杂碎十圆。

1926年10月沙孟海日记提到过这篇润约："四月间所撰润约一文缮正呈师，师以为佳即为改定。润格之前冠以引语，板桥小诗最传诵于人口，余所见吕东庄[①]卖艺文叙述贫况，亦复淋漓尽致。李梅弇鬻书启尤为大雅，类晋宋间文字。任堇叔润例小序，寥寥短章，文气历落似胡稚威，其余未见有佳者。余撰润约意欲争衡李道士，终病力薄未能逮也。"

除此之外，沙茂世先生编撰《沙孟海先生年谱》第32页有一插图，图注为"为谋生计在上海所订润例"，未注明年份，却与上文价码颇有不同：

楹联：四尺八元，每加一尺加二元；屏条：四尺六元，每加一尺加二元，横幅同；膀书：每字五元，尺外八元，二尺外十二元，三尺外十六元，四尺外廿四元。扇面：每面五元；册叶：每叶五元；手卷：每尺五元；碑志：每百字三十元，不及百字作百字算，篆额篆盖每件廿四元。寿屏：六尺四行每条十六元，余类推。[②]

落款为"兰沙馆"。后为印例，提到"石章：每字六元；牙

① 即吕留良（1629—683），今浙江省桐乡市崇福镇人，明末清初杰出的学者、思想家、诗人和时文评论家、出版家。

② 标点为笔者所加。

章：每字十元”。

两个润例比较，后者多加了一项榜书（润例中作膀书），此为沙孟海日后威名震于天下之绝技，此时当已有所成。

另，沙孟海同门朱复戡作有《静戡润例》：

书例：楹对，每对二十元；屏幅：每幅二十元；堂幅：照屏幅加倍；匾额：每字十元，市招同；扇册：每件十元，题签同；寿屏：每行十元；墓志：每百字百元；大小一例，各体同值。

画例：照书例加三倍。

篆刻：石章每字八元；牙章：每字十六元；金晶翠玉玛瑙每字三十元；

静戡印谱：每部四元。先润后笔，约日取件。民国二十年三月。[①]

两相比较，朱复戡润例远远高于沙孟海。这有两个原因，一是朱复戡作此润例时已晚了五年，不考虑物价系数，也应有所高；其二是，沙孟海作此润例是开门做生意，多多益善，朱复戡却不是为了生计，或为身价，或为辞挡索书画者。

沙孟海订这个润例时还不到30岁，润例里涉及书、印、文三种，即使是久负盛名的艺坛老手，亦不敢贸然以三种同时面世，足证英年的沙孟海艺高人胆大。

① 标点为笔者所加。

六、修能学社

1923年秋天，沙孟海的老师冯君木也到了上海，就任宁波旅沪钱业公会主办的修能学社社长。

彼时宁波人从事金融业而著名者甚多，但以贫寒出身，由经纪资方钱庄业务发轫，卒能领袖群伦，执金融界牛耳，又能律身谨严，热心公益，大节可风者，大概也就只有秦润卿[①]了。他曾任上海钱业公会理事长，上海总商会副会长，中央银行监事，交通银行上海分行经理，四明银行常务董事，上海垦业银行董事长，福源钱庄总经理，福康、顺康钱庄监理，及嘉丰纺织整染公司、大有余榨油厂董事长等职。除了金融事业及工业方面外，又首任上海租界工部局华人纳税会董事，宁波旅沪同乡会副会长。他在慈溪乡间，提倡民间蚕桑生产，改良品种，增加乡民收入；创办和支持普迪学校、慈溪中学；资助养老恤寡的荣华堂和保黎医院等；创办抹云楼图书馆。在宁波，支持效实中学，任校董会主席。在上海，先后创办修能学社和储能中学，主持钱业中小学，任校董会主席，又兼任南洋模范中学、育材中学及万业书店、新闻报馆等董事职务。

上海钱庄业有钱业会馆在河南北路塘沽路之间，占地十余亩，原为钱庄聚会议事之处，后因宁波路钱业公会四层大厦落成，集会多在公会大厦举行，秦润卿乃发起利用会馆部分余屋，于民国十二年（1923年）创办"修能学社"，专为钱业同人子弟

① 秦润卿（1877—1966），浙江省宁波市慈溪县人，名祖泽，字润卿，晚年又号抹云老人，著名钱业家。

就读。聘请冯君木、杨宗庆为正副社长。

蛰伏于宁波的冯君木，由于得意弟子沙孟海到了上海，内心多少是寂寞的。没想到造化弄人，秦润卿成立修能学社，还鼎力邀请他出任社长，冯君木当时就答应了。

冯君木应邀来沪，先与况蕙风、朱强邨、吴昌硕等老友诗书酬唱，见沙孟海在一班耆老队列里进退自如，考他学问，不由得惊叹士别三日当刮目相看。但冯君木不愧为一代名师，他见沙孟海十分痴迷于缶翁印风，恐其过耽于是，因取“石荒”以示警惕。沙孟海字号中“石荒”两字即由此而来。

冯君木旋即上任，并聘陈布雷、钱罕等为修能学社教授。

对于老师来上海，并出任修能学社社长，沙孟海自然非常欣喜。随着冯君木的到来，他与各路名人的交往，或者说他在“转益多师”的路上越走越宽。但是，对于修能学社，沙孟海的内心也许是非常复杂的。

这可从他的日记中管窥部分真相。

1923年，九月。“往修能学社代课……陈彦及（布雷）已辞修能教职，而吾师属意之人未到。”

应该说，冯君木老师到来上海，却有陈布雷、钱罕等旧交在修能任职，沙孟海几乎是把学社当成了家。但是，未多久，陈布雷就出走修能。或许是因为他的抱负与这里不合，或许他本来就是冯君木叫来短期帮忙而已。

旋即又云。十一月。“稚望即将北上，修能教习缺人，师拟命余往为庖代。”

“况先生之长君又韩（维琦）顷在修能，炎公为余绍介，其人能画，始二十岁。”

冯定也离开了，他是冯君木的族侄，沙孟海的同学，于公于私，如没有重大的理由，他是应该不会离开修能学社的。正是他的离开，直接导致修能缺少教师，冯君木便破格聘请沙孟海为国文函授部助教。

第二年春节。又是在冯君木的举荐下，沙孟海正式在修能学社任国文教师。事实上可以说，沙孟海是在修能学社创办不久，缺少教师的情况下入职修能的。也就是说帮了修能学社的忙。

沙孟海是一个内心非常丰富，并充满善意的书生。他喜欢刻印，但又经常为刻印消耗大量时间而自责。“治印十年得为诸老辈所赏识，不负初心，固属幸事。然于学问文章一无可恃，徒以雕虫之技见知长者，充其极不过周栎园笔底驱遣人物耳，岂私心之所愿哉。念此转自愧恧，藏身戢迹，更不欲与诸公相见矣。”

走进沙孟海的心路历程，即使他内心对写字治印有所审视，但肯定更接受教书育人，之后才是著书立说的价值观。因此，那段时间，他的心情是不错的：

“所刻有殷勤之意者好丽一印，冯师绝爱之，谓凡余所为刻诸石无过此者。蕙风先生见之，以为将赠己，喜甚。笔之摘记谓：深得汉法，有劲润韵静靓五字之妙。后知此印乃为冯师刻，师又不肯转以相贻，固令仿前作再刻一钮。其手札云，当赋长调题大着印谱。余为狂喜，即夕走刀成之，两印固难别高下也。”

“为蕙风先生刻受天雅性生不杂玩八字，乃唐李渤桂林中隐山题字，先生用以自况也。刻此印参古钱刀泥封之意，别呈一种境界，甚惬于怀。”

蕙风先生“近刻诸印示吴缶翁，缶翁亦谓为师刻殷勤好丽一印最善，受天雅性云云次之，并谓余于此道已站得住。凡艺事欲当得起此三字，正未易也。”

四月。“朱强邨先生来社，余因得识之。先生以廷试第四人官至礼部侍郎，填词与蕙风先生齐名，吾师亦因蕙翁得与之交云”。

“蕙风先生与吾师及钱希公相与结为婚姻。希公之次女许配又韩，先生之次女许配仲足，皆于今日过允贴。况钱两家之冰人为吾师，今日由余与次夷代表之。吴缶庐、朱强邨诸先生皆集，竟筵后缶翁拍手唱昆曲，尤难得闻见也。”

五月。“况陈两家缔姻，师与赵㧑叔老为冰人，叔老北行未还由余代表。……傍晚诣况宅饮，吴缶翁东迈父子、黄硕士、陈质庵蒙庵兄弟、赵叔雍及社中诸子孙别无它客，竟筵即返社。”

七月。一日“晚吴缶翁来社……”

十一月。“比年忙烦于奔走，学问一道荒怠无似，今日经师痛加诲饬，以为夙昔于门下诸子中期望余最深且切，岂仅区区做几篇酬酢文字已耶。不图展转蹉跎暴弃至此，退后为之感泣。”

十二月。“缶庐先生来社……”

1926年，六月。“晚间与太希先生论书，先生谓清季以来竟尚碑学，然写北碑而工者殊无其人，必不得以其㧑叔乎。㧑叔虽非至者，然尚是写，其余皆描摹耳。余谓南海康氏称张廉卿书集碑之成，廉卿书虽挺劲，然于六朝人之法，尚未尽谙。不解康氏之意何居，太希先生亦以为然。”

这种名士式的生活无疑是沙孟海喜欢的，但是时间太短，前后加起来也就两年时光。这两年生活相对稳定，他在艺术上得到了长足的进步。只是这一年（1926年）年底，沙孟海被修能学社解职了，即使有恩师冯君木在，也没有保住他的工作。

现在要去探究沙孟海被解职的原因，已经有点困难。从决策层面而言，能做出这个决定的，一是秦润卿，一是冯君木，无疑最后通知沙孟海离开的是后者。显然事出有因，但在沙孟海最需要理解和帮助的时候，故乡的一个行业组织属下的学校，没有成为一把能保护他的大伞。

蹊跷的是，第二年，冯君木也辞去了修能学社社长一职，另聘陈布雷为社长。虽然执掌的人依然是冯氏门下，但这意味却完全变了。

七、若榴花屋

沙孟海希望自己的四个弟弟能够顺利完成学业，过上安定的生活，可是，事与愿违，他们的命运并没有根据他设定的轨迹走。

1923年。

十九周岁的沙文求和奉化县家山姑娘王弥在故乡结婚。

十五岁的沙文汉“肄业师范学校，秋后母命他家处自习，暇治会计监视田以分亲劳，而弟则不肯，必欲出外，不顺亲意是其小过”。沙孟海在日记中为弟弟的这一点任性，心中感到颇为不安。

十三岁的四弟文威四中附小毕业后，考入了第四中学。

后来成为沙孟海弟媳的陈修良，也在这个时候出现了。蔡明存长女蔡衣云（绸）因在宁波女子师范读书，常以函授方式前来向沙孟海问学。她还介绍同学陈逸仙寄来文稿，亦来问学于沙孟海。沙孟海遂“去仙字，用逸单文为名，兹为取字曰道希”。

1924年。

沙文求中学毕业，到上海国语师范补习学校学习。

沙文汉考入了宁波商业学校。

在宁波四中读书的少年沙文威认识了日后在浙江革命斗争中叱咤风云的一批人。

这一年世道不靖，“苏闽皖赣四省攻浙之说哗传已久，今兹竟成事实，两方布置森严，旦晚即将开火，勇于私战，虽猛何为，东海苍生，吁其殆矣”。

家宅也不宁。沙孟海暑期回甬返家一行，“大母数日前尝病，顷刻间晕眩不能言，移时渐差，今已就愈。小子在外曾不知闻，思之盖可伤也”。

1925年。

沙文求考入了上海大学社会系。该系的主任是瞿秋白[①]，主要教师有恽代英[②]、任弼时[③]等。这些老师讲的马克思主义基本原理和革命理论，深深地吸引了他，促使他积极投身于革命斗争，

① 瞿秋白（1899—1935），江苏常州人，中国共产党早期主要领导人之一，伟大的马克思主义者，卓越的无产阶级革命家、理论家和宣传家，中国革命文学事业的重要奠基者之一。

② 恽代英（1895—1931），原籍江苏省武进县，生于武昌。中国无产阶级革命家，中国共产党早期青年运动领导人之一。

③ 任弼时（1904—1950），今湖南省汨罗市人，中华人民共和国开国元勋，中国共产党与中国工农红军主要领导者之一。

参加了五卅[①]反帝爱国斗争。当帝国主义勾结军阀政府下令通缉瞿秋白等共产党人，派军队封闭上海大学时，沙文求和许多同学坚持同敌人展开斗争。

沙孟海日记载："仲弟近已由杭回申，居上海江湾友人所，就试复旦大学后已被录取。"从上海大学到复旦大学，沙文求还从社会系转到了物理系。为什么要学习物理学？沙文求曾在1927年8月22日给陈修良的信中郑重地谈道："我生平很想把人生求得一个美满的根本解决。但这不能不有一种正确的宇宙观，而宇宙观只能从科学方面，尤其是从物理方面去努力，才能正确。"在复旦半年后，他终因经济困难不得不中途辍学。1925年冬，沙文求回到宁波。同年冬，经沙文威介绍，沙文求加入中国共产党。

这年春天，年仅17岁的沙文汉也加入了中国共产党。同年夏在宁波带头参加声援上海五卅运动的爱国斗争。

沙文威是这年三月加入中国共产主义青年团的，作为宁波四中学生代表成为宁波学生联合会主席，后任共青团宁波地委委员、组织部负责人等。沙孟海日记载："得四弟书。知他近从事爱国运动，被推为代表奔走不遑，余以搜查货物及装演新剧两事戒勿加入。"

陈修良自上海五卅惨案发生后，曾经给沙孟海写了两封信。

① 1925年5月30日，上海学生两千余人在租界内散发传单，发表演说，抗议日本纱厂资本家镇压工人大罢工、打死工人顾正红，声援工人，并号召收回租界，被英国巡捕逮捕一百余人。下午万余群众聚集在英租界南京路老闸巡捕房门首，要求释放被捕学生，高呼"打倒帝国主义"等口号。英国巡捕竟开枪射击，当场打死十三人，重伤数十人，逮捕一百五十余人，造成震惊中外的五卅惨案。

沙孟海日记载："自述为国事奔走呼吁之状，余嘉其志而惧其年少任气未悉世情，小一不慎，谤亦随之，欲有言相诫勉。"……"报端于见甬女师范因补行考试而起风潮，一时摈退学生数人，道希亦其一。彼在校平时成绩极优，每届考试冠其曹辈者非衣云即道希。……由于往日凡校中有事道希常为代表，今遂入漩涡。灯下复道希书作八百余言（即后来上海文明书局出版社的《当代名人尺牍》一书中的《答陈逸书》），劝责备至，真焦急万分。"

除了年幼的五弟，三个弟弟和一位弟子的女同学，对老大哥沙孟海来说，真的是一点也不省心。

1926年。

沙孟海日记载，一月："道希去年秋去杭入省立女子中学，今来沪考入国民大学。国民大学校长为章太炎，国学主任则为胡朴安，其章程所列国学各科均极完善，非彼弇浅狂妄者所可同日语。道希诚得肄业其中，加之以勤奋，其造就殆未可限量矣。"

自1922年到上海，前两年沙孟海一直在屠、蔡两家做家庭教师，课余遍访海上名家。为了将几个弟弟带出山，书艺精进的沙孟海过起了鬻文卖字生涯。冯君木老师到上海后，则去修能学社教书。除了幼小的弟弟，他可以说是凭一己之力把三个弟弟带出了沙村，他没有料到的是，三个弟弟竟然都走上了革命道路，尤其是最小的弟弟，走得更早更远。1925年的旧历除夕，回家过年时，他与四弟第一次推心置腹地谈到了共产党。

"与四弟（重叔）谈共产党事，党中人数实不多，而外间谣传三人成虎，几于谈之色变。共产之论首创之德人马克思，实行之者始于俄人列宁，而中国之输入则由于陈独秀，孙中山高谈三民主义实亦共产之预备也。共产主义其事虽复，其大旨不过为世界被压迫人众吐气，以无产阶级倾倒有产阶级，无复有国家种族之限界。革命成功之后，建设新社会，产无私储，人食其力，观其言论非不成理。……近时各国政府防制极严，然防之愈严，反动愈烈，适为此党代宣传之劳耳。故今日政府之于此事，置之则任其滋曼，防之又促其急进，势之所趋，盖万万无抵御之策矣。”

这次谈话明显加深了沙孟海对几个弟弟所重视的革命事业的理解，同样明显的是，他对这份事业可能出现的结果并没有充分的准备。1926年，无疑是让他高度紧张的一年。

首先让他担心的是二弟文求。

三月，“仲弟文求在复旦大学肄业理化之学，此亦甚佳事也。今岁忽不欲往，愿托教授以糊口，而为时已迟，无地安排，彼则不顾也。彼之言曰：丈夫所志者大，岂肯庸庸与众浮沉。又曰：当为则为，遑顾利害。故自卒业中学以后，始欲投身军伍，继欲往游俄国，旋又入上海大学社会科，旋又入复旦理科，东往西走朝迁夕改，在在不肯竟学。凡所计划迂回难通，性复刚愎，他人言论未肯丝毫容纳，而满腔意志，口不能宣，出世不屑，入世不合，有此异才，持将安适，此余眼前第一可忧事也。”

沙文求离开复旦后，受党组织派遣回故乡鄞县沙村开展农民运动。宁波农村中地主、豪绅等反动势力相当猖獗。沙文求回到沙村后，联系本村贫苦农民，把村里的一些骨干分子秘密组织起来，再通过他们进行串联。最初，有些农民有顾虑，不敢立即加入农会，一开始参加农会者仅10多人。为了使农民相信农会确实是为贫苦农民争取权利的组织，沙文求寻找一切机会进行工作。一天，村里有一贫农误砍了山界边别人的树木，村中恶霸和山主一起捆绑了这个贫农欲要吊打，还要送他去官府法办。农会的筹备会员知道后愤愤不平。沙文求率领会员责问恶霸为何敲竹杠、用私刑，要他赔偿损失。一番斗争后，这个恶霸躲在家里几个月不敢出门。农会的声威大振，沙文求就公开吸收会员，成立农民协会。

农会建立起来后，土豪劣绅恨之入骨，对农会造谣诬蔑，说农会是帮助坏人懒汉的，并声言官方会来捕人。为了稳定某些农会会员的信心，也为了解决赤贫会员的生计，沙文求发动会员从事义务劳动，修理道路和公共水利，禁赌和在公山上砍柴出卖，以补助穷困的会员。他还在村里办起农民夜校，家里和夜校成了农会活动的场所，妻子王弥为他保存文件、当交通员。经过深入细致的工作，农会的威信不断提高，农会的组织得到了巩固。

沙文求的夜校，在沙孟海眼里是这样的："仲弟近在乡中办平民学校，亦是一种职业，惟有校弗入，甘自沉潜，其牺牲抑太大矣。"

到1926年7月，沙村农会会员发展到八九十人，还吸收了五个农民入党，两个青年（其中一人是沙季同）入团。沙村建立了党支部，沙文求任党支部书记。沙村农会的声威扩展到附近几十里的农村。

1926年夏，沙文求奉调离开鄞县，途经上海。按照沙孟海日记，表面上是他安排的。"秋后拟令仲弟文求之粤入中山大学，即广东大学秋后改组中山大学，是校为国民政府所办，仲弟亦欣然欲往，招其暑假即来上海与余同居。”

沙文求离开后，应该是他的三弟沙文汉接替了二哥的工作。

差不多同时，沙文威在宁波出事了。“四弟在甬鼓动风潮，官厅监伺甚严，其势极危，其宜设法维护之，前辈关心可为衔感。然四弟之为是，固已愿为社会牺牲一己。吾将爱其志乎，将爱其身乎。……余因决计回甬，是时官厅名捕二人，一为陈国咏国民党执行委员，一即四弟学生联合会主席。近纱厂风潮稍平，而中学校已将四弟除名。……幸前数日友人闻官厅有掩捕四弟消息，由三弟电告四弟促之速行，才免于难。……半年不见四弟，身已加长，而颜容瘦落，裳服草草，十七岁人乃类于季布之亡命，心暗伤之。余拟令其出申，四弟谓此时尚不能自决也。”

“暑期赁居戈登路海防路口寓所四十天。屋为半西式南向无

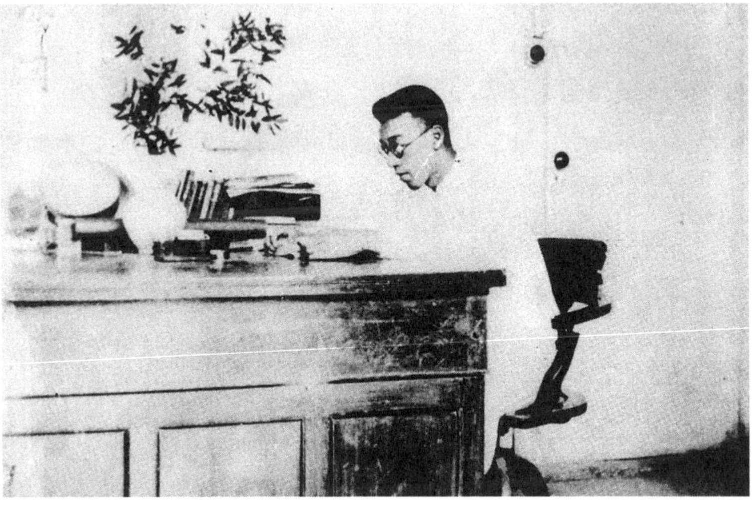

沙孟海在上海寓所（1926年）

楼，中庭杂植藤木花草，竹篱萦之，榴花方开，灼然似火也。前室张设字画与阶下绿茵相映，尤饶幽致。……弟辈引电灯悬之庭前藤树中，宛似秋月之在林，复凿冰和玫瑰酒及糖饮之，肺腑为之爽冽，野蛮生活似戏似玩，亦一时之趣事也。”这就是著名的若榴花屋。令沙孟海想不到的是，这里成了弟弟们革命的据点。

七月。“四弟自甬更调来沪，四弟一志革命，不畏患难，苦心孤诣，深堪矜惜，或谓余何不讽之使还，余曰荣名禄利此士类所皇皇希求者，四弟不但不此之营，并其生命亦视等鸿毛，尚何讽喻之有。……仲弟亦到申，皆宿社中。四弟为言近日工作状况并其同志诚毅竖逴之精神，令人肃然起敬。余目睹四弟饿馁困顿之状，不无悲酸，四弟则曰吾身虽劳，吾心甘也，其意之决如此。”

“四弟诸同志假余寓开会，……又有革命党人徐玮者来与吾等结邻。……后引起侦探巡捕之怀疑，有数人入门佯为相宅者（门外方有招租广告），其意实在是视察也。既无所见，乃渐散去。是夕徐玮竟不归来，吾等疑其有故。至翌日食时忽来，谓昨见警卒状不敢归，宿友人许耳。惟此中情形已稍稍漏泄，不可久住，拟再徙居。徐君海门人一志革命，不顾其他，陈夫人始见其人，谓两目亦能说话，此君实有本领。”

八月。“四弟与其他同志数十人会于某处市楼，警卒至掩捕十数人去，弟以年最少得纵释。既上革命轨道固能不免于危险，然当此情形难乎其为兄矣。十数人三日后皆得释，无证据故也。四弟来申已一月，后又被调回宁波。”

“近日孙传芳对付革命党人之手段极严密，杭甬松沪等处党狱迭兴。列宁主义余未经研究原不敢妄下雌黄，然以今日军阀政客之贪黩无忌，与革命党人之公而忘私，相去果何如者，民视至平，天听不惑，革命如失败华夏片土其为忘韩之续乎。”

“仲弟与道希游学广州中山大学，……同行者又有甬人庄炯女士，后知仲弟入社会系二年级，道希则入哲学系。”

沙孟海送沙文求离沪去广州，内心应该是极为黯淡的，兄弟分别是一则，虽然他并不知道，这一别成了永别。还有一个原因，正是因为兄弟和他们的朋友们从事革命活动，他被他的本师冯君木代表修能学社辞退了。

沙文求抵达广州后即入广东大学（不久改名为中山大学）哲学系学习。当时在中山大学有200多名共青团员，沙文求以党员身份参加团的活动。

1927年。

一月。“近日战事集中，浙江国民党设省政府于宁波，宁波人避地来沪者甚众。……然南军未至，联军已到，而所设省政府者，只如昙花一见，顷已归乌有。”“国民政府移鄂后，中山大学教员重要者亦皆北上，故道希端己皆拟转学，道希顷来申，不日即赴武昌矣。”

沙孟海离开修能学社之后，冯君木托陈布雷推荐去了商务印书馆编译所国函社工作。这是沙孟海和师兄陈布雷第一次发生实质性的交集。沙孟海自己称“余之入商务印书馆虽所入不丰，而书报丛多可资阅览，可喜者一。闻君野鹤与我同事，并案而坐，可喜者二，较之托足豪富之门，日与市侩作缘，有味多矣”。

陈修良离开后，沙文求继续留在广州，不久担任广东大学共青团支部书记，并根据革命需要加入中国国民党。他在校除了谈论政治或理论问题外，其余问题很少开口。他虽不懂广东话，但深得同学们的信任，并与中山大学党支部的领导人陈铁军①等很接近，一同组织了中山大学的“新学生社”。在中山大学，沙文求对马列主义理论的学习异常勤奋，差不多每天要写一篇理论文章或一首诗。

二月。三弟沙文汉去年秋已毕业于宁波商业学校，沙孟海早已托友人觅职，也已落实，故连发二信催之。“今得三弟信，言近已担任革命工作，不欲习商。去此就彼，固亦有见地，余独恨其不早日语我耳。”

1927年4月15日，广州发生反革命政变②。沙文求因事先转移了住宿地点，才幸免于难。中山大学发出布告，开除沙文求等一批学生的学籍。起初，沙文求很想去武汉，当他听到汪精卫也在武汉发动反革命政变③的消息后，便打消了这个念头，继续留在广州坚持地下斗争。他经常化装成学生、市民或工人，出入于市井街巷之间。沙孟海知道后，鉴于形势险恶，去信劝说他回上海。沙文求在回信中毫不犹豫地说：“你对于诸弟，尤其是对我，应当促其入险，鼓其前进。临阵而亡，我且不悔，你更不必悔。总之，我是临阵者，要尽无限之余勇，以吸收宇宙间的快活，慷慨展臂，抓住艰巨的责任，竭人力而尽天命，畅快地

① 陈铁军（1904—1928），广东佛山人，原名陈燮君。1927年10月，受党的派遣，装扮成周文雍的妻子，并参加了广州起义。1928年1月，被叛徒出卖与周文雍同时被捕。1928年2月6日，在广州红花岗刑场，陈铁军和周文雍把刑场作为结婚礼堂，从容不迫地举行了悲壮的婚礼。

② 4月12日，蒋介石公开发动了反革命政变，即“四一二”反革命政变。

③ 6月10日，汪精卫和冯玉祥在郑州举行会议，策划反共。

干。”他还在一幅自画像的背面题诗明志：“昆仑为志，东海为心；万里长江，为尔之情。飞步东行，愿尔莫驻；瞿塘三峡，愿尔莫踌。”革命豪情，跃然纸上。

大革命失败后，鄞奉地区的农民运动会遭到国民党的残酷镇压，三弟文汉被通缉，沙村老家遭到反革命势力洗劫，家人四处躲避。

五弟沙季同由于受到几位兄长革命思想的熏陶，自幼就在家乡参加革命斗争。这年他加入了共青团，积极参加卓兰芳①、沙文汉领导的奉化暴动。“四一二”事变后沙季同被豪绅施绪初抓去，捆绑后套入麻袋，并扬言要投入深渊。当乡邻建议找人说情救沙季同时，沙母毫不屈服地说：“施绪初有两个儿子，我有五个儿子，杀掉我一个，还有四个，和他拼命，看他敢不敢？”后经乡间老人出来讲话，沙季同才得以被释放。但当地的地主劣绅仍不罢休，又洗劫了沙家，致使全家十余人被迫分散流亡。

这十余人中，就有沙孟海的原配朱懋襄，在亲友家避难时染上痢疾，在这年九月不幸去世，年仅二十九岁，留下子女五人。悲痛、悲愤中的沙孟海，还得打起精神照顾家人，在上海闸北青云路租了房子，年底将母亲、二弟媳和她的女儿以及子女四人迁居到上海。三子更世仅两岁，只得暂寄养在农民家，而祖母年迈，也只得暂住在邻居家中。

这年的三四月间沙孟海商务印书馆的同事、同乡、同学冯定奉组织命去武汉工作，在馆内宣称因患肺结核回老家慈溪休养。

① 卓兰芳（1900—1930），浙江奉化人。1924年加入中国共产党，1930年在杭州被捕，英勇就义。

冯定行前向沙孟海交了底，并请将信件代为转递。“四一二”事变后，又有革命友人李求实[①]来，也要求沙孟海转递信件。为安全起见，沙孟海建议把收件人姓名用冯定的字即“冯稚望”，以避免不必要的麻烦。李求实当时实际上是共青团中央的宣传部长，全国各地来信太多，且有的来信把“冯稚望”误写成“冯雅望”，从而引起商务印书馆领导的怀疑，怕致祸，至年底遂将沙孟海辞退。

两次辞退，都是因为弟弟们的原因。而这一次辞退，对沙孟海的影响比修能学社的辞退更甚。当时生活甚为困苦，沙孟海常以“丈夫绝粒寻常事，告贷有门未是贫”之语自勉。

被通缉的沙文汉，农历年底，也逃到上海青云路沙孟海家中。沙孟海在上海沾上赤化嫌疑被解职以后，已难以在上海找到工作。这时，他的恩师冯君木又伸出了援手。冯君木托他自己的同乡老友、时任杭州市市长陈屺怀的介绍，到杭州浙江省政府秘书处第二科任科员。

四年的上海生活结束了。这四年给了沙孟海太多的美好回忆，也带给了他太多的伤痛。大多宁波人把上海当作他们建功立业的人生舞台，沙孟海却当作了没有围墙的学堂，由于刻苦研习和努力创作，在金石书画上取得了巨大的进步。

① 李求实（1903—1931），湖北武昌人。1927年在共青团第四次代表大会上当选为团中央委员，任团中央宣传部长。1931年在上海被捕牺牲。

第三章　杭州、广州、南京、重庆

一、寄命杭州作书学

毁家、丧妻、兄弟出走、失业，迭受打击的沙孟海于1928年2月前往杭州入职。这是沙孟海第一次走入仕途，对此1928年1月27日的《申报》有《杭州快信》“（浙江）省政府委任沙孟海为秘书处科员”的报道。

浙江省府秘书处双清[①]由于陈屺怀的情面，对他各方面予以照顾，仅办理一些贺电、唁电、寿轴、挽联等应酬文墨，总算使不得已而步入仕途的沙孟海安下心来。

一安下心来的沙孟海，想起了早年研习中国古典文学时就久闻大名的马一浮现客居杭州，遂请同乡老友童藻孙[②]陪同拜谒马一浮于延安巷寓所，并携去《大咸乡赡灾碑记》拓本求教，获得马先生嘉许。马先生对他二人说，年轻人学古文很好，但学古文需要读书，读书才会明理，告诫他们应广泛求学问，不要停留在文字上，对他们启发甚大。

随着访师开始，沙孟海访友结社的脚步接踵而至。

① 双清（1890—1970），贵州贵阳人，字止澄，爱国民主人士。

② 即童第德，字藻孙，名第德。20年代毕业于燕京大学，曾在宁波中学任教，后任民国政府交通部、邮电部秘书。中华人民共和国成立后，任北京中华书局编审。

沙孟海先与韩登安[1]结识，二人曾同寓一室，又兼同癖金石，有切磋研讨之雅。未几，沙孟海认识了刚从莫斯科留学回来、学识渊博的宁波老乡崔晓立[2]，还与江闻道、陈申倩、周天裕相处得很好，于是五个人组织了一个读书会，轮流主讲学习心得，后又合伙开了一家“我等书店”出售进步书籍。结果遭到查封，江陈两人逃跑了，沙孟海与周两人不敢作声，但竟没事。后来才知道国民党当局经办此案的是周的父亲。崔晓立则吃尽苦头，直到抗战开始国共合作抗日时才被释放。

沙孟海的工作很好地为他提供了保护。确实，陈屺怀对这个学生颇为照顾。

初夏。浙江省政府秘书处进行大扫除，休息时，沙孟海在邻室第一科偶见有关全省各市县上报的嫌疑分子黑名单，发现故乡沙村闹过农民运动者有多人被列入其中，遂牢记在心，暗中托人赶快转告他们躲避，以免遭不测。

但是他的仲弟就没这么幸运了。

早在1927年9月，沙文求担任共青团广州市委的领导工作。根据团中央的指示精神，他对广州市共青团的工作进行了新的部署，使广大团员更加活跃地投入斗争，因此引起了敌人的惊恐和注意。他们派人到处侦察沙文求等人的行踪，图谋缉捕。该月20日，沙文求外出联系工作，不料他的住所被警察侦知。当他工作

① 韩登安（1905—1976），浙江萧山人，原名竞，一字仲铮，别署耿斋、安华、印农。

② 崔晓立，鄞州区樟村崔家人。1926年，受党组织派遣去苏联中山大学学习。1928年从苏联回国后化名邵林书，在杭州以开设“我等书店”为掩护，作为中共浙江省委联络机关，并为该机关负责人。同年，“我等书店”被国民党破获，不慎被捕。1936年，刑满获释。1941年，被国民党部队秘密杀害。

完毕返回住所时，邻家老妈妈低声叫他赶快躲开。可惜他听不懂广州的方言，一进屋就被埋伏在内的两名警察抓住。幸亏他从小练得一手拳艺，颇有些武功，趁敌不备，一拳一脚打倒两人，夺门脱险。事后，他写信给大哥沙孟海说：“我这里怪得很，仿佛有神明暗中协助我，似乎知道我的前途有特别悲壮的意义，不应该使我的生命（有）过于轻易而牺牲的神气。”这时，他的生活极度困苦，常要靠沙孟海接济，有时连寄信的邮票都没有。

1927年10月19日，沙文求参加了省港罢工两周年纪念大会，冒着敌人的弹火在马路上高呼“肃清反革命！”10月23日又参加了广州的总罢工和沙基惨案两周年纪念，在广州西辰园广场集中3万工人示威游行，高呼“打倒新军阀”的口号。中共广州市委、省港罢工委员会等召开工人代表会议，准备武装暴动，建立工农民主政权。沙文求根据党的指示，抽调了400个党团员、工人和学生，组织了30支宣传队，并发动女团员、女青工缝制起义需用的旗帜。12月11日，广州起义爆发，沙文求担任共青团广州市委委员兼少年先锋队总队长，他积极带领宣传队到各区进行宣传鼓动。当时，市区武装人员缺少，沙文求领导的共青团员和少先队员维持广州市内的社会秩序。他们还展开肃清残余反革命分子的斗争，中山大学的反革命分子和国民党法院的法官就是由沙文求率领部分少先队员前去逮捕的。13日，反动军队在英、美帝国主义军舰的掩护下，从广州西北面和南面蜂拥而至，攻入珠江以北市区。这时，沙文求已改任赤卫队中队长（陈铁军任队长），率领赤卫队员们在观音山长堤一带抗击敌人。终因寡不敌众，武装群众大部分伤亡，后路被切断，队伍被冲散。沙文求和几个战友冲出重围，当时“家家户户门窗紧闭，正在欲避无所，欲飞无翅之际，忽得一天然之良地，在子弹乱飞之天空下，安睡一觉”。次日凌晨，敌人挨家挨户搜查，盘问到他们时，他们自称是中山大学的学生，因避战乱在此暂宿。他们若无其事的态度没有引起敌人的怀疑，终得以脱险。

广州起义失败后，沙文求担任共青团广州市委宣传部长，坚持地下工作斗争。由于身份已经暴露，他化名史永，字文远。后来，参加起义的党、团员都分散隐蔽，沙文求就和几个战友撤退到香港。在香港没住几天，沙文求又奉党组织之命，秘密潜回广州，任共青团广州市委委员兼秘书长。1928年5月，他在给沙文汉的信中说，对于工作，一、要有“雄大的胆量”，即革命的英雄气魄；二、光有胆量还不能干革命工作，“应更求技术之精良，贯彻和增进原有的胆量”，即要研究起义失败后的对敌斗争策略；三、“更要求知识之充实”，还应把马列主义理论学到手。他认为有此三项，就能把革命工作做好。这是他在起义失败后的工作中总结出来的经验，用以告诫弟弟。由于这信是邮寄的，他不得不用“胆量”“知识”等名词笼统地表述。

1928年8月，沙文求不幸被捕。在审讯中，他备受酷刑，坚贞不屈，视死如归。对党的机密守口如瓶，不吐一字。反动派无计可施，随即将他秘密杀害于红花岗，年仅二十五岁。

关于仲弟的种种，沙孟海有些知道，但大多并不知情。但是，沙孟海1928年5月份寄给沙文求的信被退回，沙文求的好友张正夫7月间汇去的钱也被退回，他多少已有不祥之感。直至后来张正夫送来《列宁青年》第一卷第一期（一九二八年十月

青年时期的沙孟海（1928年）

二十二日出版），从其中一篇《追悼死难的青年战士》一文，才知仲弟壮烈牺牲。

刚得到仲弟遇难的噩耗，又传来四弟文威染上严重肺病的消息，沙孟海几乎痛不欲生。不到一年时间，丧妻失弟，对极重情义的沙孟海而言，打击之大可想而知。好在三弟文汉多次来信给沙孟海，不能以泪来慰藉死者，应把痛苦培育成勇气的力量，来慰藉死者。劝慰他“痛苦培植了我们的勇气，我们应当把眼光放远些，来长吐满肚的鸟气”。

由于省政府不能保证每月按时发放工资，使沙孟海在沪一家七八口生活非常困难，而若干革命干部和农会会员流亡到上海者如卓兰芳等六七人困苦不堪，沙母经常留他们吃饭，视同自己子弟，有时无钱买小菜，只好大家用盐下饭。同时考虑到在省政府工作，无形中起到了保护作用，乡人多少有所顾忌，不敢再惹是非，于是沙孟海决定让在沪家人返回老家沙村居住。

在实际工作中由于受秘书长的照顾，工作较轻松，沙孟海得以有时间从事自己所喜爱的篆刻。在杭州近一年半时间内，为秘书长一人治印就达十三方，如“谭景楼”“双清长寿”“山泉馆”“临川双清止澄章”“抵死不作茧”，亦为同乡好友童藻孙刻“次布过眼”“童第德”“藻孙”“惜道宦”等印。

而最为重要的是，沙孟海在这一时期写出了具有代表性的两篇文章——《近三百年的书学》《印学概论》。这是两篇对书法、篆刻界颇有影响的文章，尤其是《近三百年的书学》一文。

沙孟海痴迷书法篆刻，但几次在刻印之余检讨，刻印耽误、影响了正事，在他看来，著书立说才是正事之一种。尤其是拜访康有为后，康氏的《广艺舟双楫》让他印象深刻，书中关于碑帖的观点，影响了整个清末的书风。

《广艺舟双楫》，因扩广包世臣所著《艺舟双楫》而为名，是在清代三百多年的书法创作实践基础之上，总结了阮元、包世臣的碑学书法观，提出了鲜明、有力的碑学思想，对纷繁的书体、书家、风格、流派进行了详细的梳理和评述，并从不同的角度、层次详细论述了中国书法的起源、沿革和发展，并以自己成功的书法实践为注脚。《广艺舟双楫》在书法理论著作体系构建上也是开百年先河。

1923—1925年，梁启超在清华大学撰写了《中国近三百年学术史》课程讲义。

可以想见，沙孟海撰写《近三百年的书学》的体例和时间跨度，多少受到了康梁影响。当然也主要是因为这三百年来中国社会经历了明朝、清朝与中华民国三个政权和三种社会形态，讲明代末期的书法史，是说明清代变化的出发点，以便整理整个演变过程，明了其演变趋势。

《近三百年的书学》的批评对象，是以明清之交的书法大家董其昌、倪元璐、黄道周、王铎等人为上限，而其下限则是谢世不久的大家李瑞清、沈曾植、康有为、吴昌硕等人。

前文提到的《广艺舟双楫》，绝对是那个时代非常重要的书法理论之作。沙孟海作为后学才俊，血气方刚，认为康氏尊碑抑帖过头了，就先毫不客气地说："他（指康氏）有意提倡碑学，太侧重碑学了。经过多次翻刻的帖，固然已不是二王的真面，但经过石工大刀阔斧锥凿过的碑，难道不失原书的分寸吗，我知道南海先生无以解嘲了。"随后，分门别类，对三百年来重要的书法家逐一点评。

现在看来，沙孟海作此书，与其说是一次梳理，还不如说近世书家能入他法眼者不过这些人而已，而后世点评他的书法成就，则必须放在此三百年为背景的大框架中。

《近三百年的书学》一发表就颇受关注，1945年顾颉刚先生在《当代中国史学》出版时，在下编第四章《美术史的研究》中，感叹过去关于书法史的研究著述极少，将这篇文章译成日文，发表在《书论》杂志第二十五期上，推荐给日本爱好书法的读者。

另一篇《印学概论》，被商务印书馆编入《日用百科全书》。后沙孟海把它稍作修改并改题为《印学概述》，此文为1987年西泠印社出版的《印学史》一书的前身。

这两篇文章确立了沙孟海在书法理论研究上的地位，其时他尚不满30岁。

二、续弦

沙孟海1926年四月日记所记："与道希及其友朱启威同游半

淞园，……半淞园题诗盈壁，不暇细阅。吾师尝谓陈肩苍（樵）一绝最胜，因留意寻得之，其书亦复佳。诗云：尽在园中荡短艭，曲流里许碧淙淙，主人攫得并州翦，翦取吴淞水半江。”

沙孟海日记中记载与女性的交往并不多见，道希（即陈修良）是他得意的弟子，后来成了他的弟媳，属于提到最多的。爱屋及乌，有关于道希及其同学、友人往往也有提及。

朱启威后来亦从沙孟海学书，沙孟海改其名为朱谌之[①]，寓意忠厚老实，字弥明，意指拥抱光明。不久，朱谌之远嫁沈阳，沙孟海刻了一方“弥明欢喜”的象牙印章送给她，朱谌之也曾为沙老写过小楷册页。

朱启威在宁波女子师范的同学中，除了与陈修良、金维映[②]志趣相合，交往亲密，还有一个好同学叫包稚颐。

包稚颐，浙江台州温岭人，包卓人之四女。

包珩，字卓人，清同治三年（1864）生于太平县屿（现为石塘镇捕屿村）。36岁时，以骑都尉世职保送入宁波学堂肄业。因营救荷兰船船员有功，清政府赏其石浦营都司之职。次年，因清帝退位而解职，移家宁波，与同乡开设台州会所。1914年，包卓人在舟山岱山设立渔业公所。1922年，他航海到嵊泗列岛，开辟渔场，设立台州渔业公所。于是，原来台州渔民很少去的嵊泗列岛渔业就兴旺起来，每年台州都有上千艘渔船去舟山捕鱼。台州渔民捕墨鱼用笼捕法，宁波渔民则用网捕法，两地渔民在舟山渔场捕鱼时，常常发生冲突，包卓人为两地渔民争渔场之事，“多

① 朱谌之（1905—1950），浙江省镇海县人，女，中国共产党优秀党员，革命烈士。
② 金维映（1904—1941），浙江舟山人，中国共产党舟山地方党组织早期领导人之一。

方调处，请于官，勘定界址”，于是双方从此相安无事。包卓人在宁波为保护渔民权益做了大量好事，在宁波居住多年后回到家乡温岭，先后当选为温岭县渔会常务监事、常务理事。《温岭县续志稿》称包卓人“迁居松门，组织水利委员会，浚辟松石河路，造福地方”。

包卓人夫人姓舒，她和包卓人生育的子女，有长子包济华、次子包毅华、四女包赍华（亦名包稚颐）。

包稚颐生于1906年，幼时随父亲包卓人在宁波生活，她自宁波女子师范学校毕业后，即担任鄞县女子中学教务员。

包稚颐喜欢书法，早年就拜吴公阜为师，打下了一定的书法基础。

包稚颐品貌娟秀，办事细心，在鄞县女子中学很得人心。沙孟海对她早有所闻。他的好友吴公阜就热心为他们牵线。

吴公阜把愿作媒人的想法告诉沙孟海后，沙孟海内心当然同意，不过，他很担心这会不会变成剃头挑子——一头热。另外一头，情况也类似，尽管看上了沙孟海人品好，博学多才，但嫁过去还得做后妈，包稚颐心里也有些犹豫，而且父母也不同意女儿去“自讨苦吃”。

1929年，包稚颐终于克服了沙孟海有着前妻留下了五个子女以及兄弟中有从事革命运动而被通缉的种种顾虑，而与之结婚，开启了他们长达半个世纪的美好婚姻。

三、余悲广州

1929年春，沙孟海曾引用清代汪容父[①]《自序》中语刻“乞食饿鸱之余，寄命东陵之上”一印，以表在国民党政府机关谋生的抑郁心情。让沙孟海内心矛盾的工作并没有持续多久。这年夏天，广州中山大学邀请冯君木前去担任中国文学系教授。为照料冯先生的生活，并约沙孟海同去。

一则在浙江省政府的工作并不喜欢，有窒息之感；二则想前往仲弟罹难地祭奠凭吊。便就着照顾冯君木的名义，沙孟海答应了中山大学的邀请。孰料冯君木因身体多病，惮于远行，而鼓励沙孟海前往。不久，沙孟海便辞去浙江省府秘书一职，偕夫人包稚颐乘海轮去广州中山大学报到。

沙孟海这样一个师范生竟出任中山大学预科教授，包稚颐则在该校教育研究所从庄泽宣[②]为研究生。当时的《申报》报道《中山大学预科国文之新气象》曾有提及：“广州中山大学学生对于国文功课，素极轻视，前年朱家骅副校长特托伍叔傥[③]教授负整顿预科国文之责，以企根本改善。伍氏延揽教员如李孟楚、段凌辰（河南中山大学教授）、陈漱石、闻野鹤（持志大夏大学教授）、杜刚伯（武汉大学教授）、孔德、沙孟海、许杰、凭伊湄、谢中斐等皆出版界知名之士。……”

沙孟海初入宦海，便是在杭州做秘书，相比同僚其实是清闲

① 即汪中（1745—1794），清代哲学家、文学家、史学家，“扬州学派”的杰出代表。

② 庄泽宣，浙江嘉兴人，中国著名教育家。

③ 伍叔傥，方东美称其为“魏晋间人”。对中文教学有独到见解，论中国文学别出心裁。

的，但短短一年多时间，读书会好友被难，家人飘零，让他的内心极度压抑，离开杭州而得自由之身可谓是他最大的需求。依靠他圈子的人脉关系，能选择的并不多，回沙村或宁波，无疑心有不甘，再闯上海滩，也无人敢收。所以能有机会去广州，获得一个体面的教职，完全可以是雀跃的。唯一的遗憾是，广州是他仲弟生命的终点站。

抛开这些，这段时间，携着新妇南下的沙孟海不仅在精神上而且生活上是较为愉快的。包稚颐在庄先生的指导下研究了六省二十一市、县的小学生作文本，曾写出《小学生错字统计与分析》一文，在《教学研究》第二十七、二十八期连载两期后，该文还被中央大学艾伟教授所著的《教育心理学》一书引用。

沙孟海自己学术的成就更是斐然。教余整理原已积存的一部分古文字学资料，撰写《攟古录释文订》[①]一文，发表于中山大学语言历史研究所的《语史周刊》[②]第一百零二期。

《隶草书的渊源及其变化》一文则于到广州后的次年脱稿，发表在《语史周刊》第二集第一百二十六至一百二十八合期文字专号上。沙孟海还将平昔积累的读书札记写成《助词论》[③]一文，共分九章（其中第六章《助词发展第三期》是1936年在南京时补上的，遂成全稿）。上溯甲骨金文及群经诸子，下逮宋人语

① 1979年香港出版的《金文诂林》一书曾选载了此文中的五章。

② 《语史周刊》是我国著名历史学家傅斯年（孟真）先生所主持的语言历史研究所出版的刊物。

③ 中华人民共和国成立后杭州大学古文字学家姜亮夫先生阅后，称其“精审邃密，足为研究语法者定一规模，亦有助于鉴别古书真伪”。1997全文收录在上海书画出版社出版的《沙孟海论书文集》中。

录、元代戏曲所使用助词的发生、消长、孳乳、发展诸情况，列表统计，取得新的结论。沙孟海当时犹自谦以为未尽，先付油印分贻友好商榷。

然而，虽远在广州，作为孝子和人父的沙孟海却时时对母亲的身体和子女的教育等问题放心不下，更为自己不能为家庭出力、为母亲分忧而内疚。第二年沙孟海接到母亲来信，希望他能北归浙江，以便于照料家庭。深有孝悌之心的他便回到了杭州，暂时在两浙盐运使周骏彦处参与《盐政史》的编纂工作，而包稚颐则在杭州市政府教育科担任科员。

1930年冬，原浙江民政厅厅长兼广州中山大学副校长的朱家骅调任南京中央大学校长。朱家骅写信给中山大学的伍叔傥教授，请他给自己推荐一位秘书。当年作为沙孟海入教中山大学的介绍人伍叔傥又一次想到了沙孟海。

1931年1月，伍叔傥教授致函沙孟海，力劝其去南京中央大学。南京中央大学对沙孟海也有较大的吸引力，不仅离家较近，交通便利，而且中央大学较好的学术环境更是沙孟海所向往的。春节一过，沙孟海便踏上了去南京的火车。在中央大学，沙孟海编制上虽属学校秘书，但实际上却成了朱家骅的私人秘书，因此，工作较轻松，平时有大量的时间可以沉浸在自己的学术天地之中，加之得以与旧友新朋如历史学家陈训慈、文学院长汪东[①]（1924年在上海任《华国月刊》编辑时曾通过信，可说是神交）、中文系黄侃、心理系蔡堡、历史系沈刚伯、中文系汪辟

① 汪东（1890—1963），著名文学家、书法家。

强、经济系叶元龙、艺术科徐悲鸿[①]以及随后调来的伍叔傥等经常谈道论艺，沙孟海自觉也还适意。这次从仕途转业到学术气氛浓厚的最高学府来，沙孟海感到对他有一定的意义。

四、师殇

刚刚在南京安顿下来的沙孟海，突然接到了恩师冯君木病危的消息，连忙请假赶到了上海。他在日记中写道："师见余至，泪下失声，余亦不觉泫然。顷之，又回头视余，又挥泪；如是者三次，余不得已退至椅后，盖胸中有千万言欲吐出，竟不能抒泄一声，人间伤心事宁有逾此者！"

此等文字，即使铁石心肠者，读来都觉动容。沙孟海与冯君木两人，师徒情深，实则早已情同父子。

沙孟海回想离开宁波迄今，近十年转益多师，但人世无常，多位亲如家人的师长已经离世。刻骨铭心的已经有三位，一位是张美翊，一位是况蕙风，一位是吴昌硕。

1924年"张蹇丈（美翊）于旧历七月十日申刻病故，为之泫然。人之云亡，吾邑风教文物于斯颓矣，岂但哭其私而已。……检蹇丈三年中所贻手札得三十五通，绝笔于去年八月三日，经冬体气已少衰竭，不恒执笔，故遂不得吾丈之教"。

一代词人况蕙风，可谓晚景凄凉，因与冯君木订交，总算后事可托。沙孟海1925年日记曾详细提及："况先生《餐樱庑漫笔》有一则记吾师事末及鲰生，其词云：甲子冬日与慈溪朱君炎

① 徐悲鸿（1895—1953），江苏宜兴市屺亭镇人，原名徐寿康。中国现代画家、美术教育家。

复结邻，因绍介获交其同县冯君君木，声气之雅，倾盖如故，飘灯隔巷，风雪过从，良用慰藉。君木劬学媚古，唾涕世法，风趣略似半唐老人，文笔典重遒上，得力于班范两书，诗入宋名家之室。其高弟子沙孟海诗古文辞皆能绍述师法，尤工刻印，虚和秀整饶有书卷清气，篆法尤极研究，无羼杂迁就之失，缶翁绝契赏之，谓后来之秀罕其伦比。”

况蕙风篆刻的欣赏水平极高，对沙孟海的印尤为喜欢。检索沙孟海日记，随处可见，除了前述，另记：蕙风先生“以余近刻诸印示吴缶翁，缶翁亦谓为师刻殷勤好丽一印最善，受天雅性云云次之，并谓余于此道已站得住。凡艺事欲当得起此三字，正未易也”。

可惜，这样惺惺相惜的忘年之交并不长。1926年，“况蕙丈于旧历七月十七夕因患赤痢病卒，临卒口呼君木不止。盖丈于吾师虽结交日浅，而声气相投欢若平生，蕙丈暮年羁旅，旁无戚畹，师怜其辛苦，为安排儿女婚事才一年，而丈以殇。使丈不遇师，身后萧条盖不可问矣。丈宦游南北亘数十年，矜才负气交好无多，顾于垂老之年得此死生之交亦奇缘矣”。

……

故丈殇，余挽以联语云：

词学导先河，重拙大消息微茫，独有心灵追白石。

印人承嘿契，静润韵品评矜宠，可堪刀法愧秋堂。

重、拙、大则其夙昔论作词之三要。

1927年11月29日，吴昌硕先生逝世，一位天才的艺术大师与世长辞了。其时沙孟海尚未正式行拜师礼，缶翁却遽归道山。

吴昌硕去世后，沙孟海列为门人参加了公祭。《申报》对此有报道说：“吴昌硕先生门弟子李晓芙、庄芝庭、诸闻韵、韩子谷、吴松儒、潘苍水、刘山农、王启之、赵子云、况又韩、郑建安、赵石农、汪立群、周梅谷、马企周、潘天寿、方介庵、汪涤尘、郑曼青、吴幼泉、王曼伯、沙孟海、许醉侯、熊松泉、王季眉、钱瘦铁、王调之、荀慧生、陆曼婴、包铮等，定期于阴历十二月十二、十三、十四三日，在北山西路吴宅斋奠，午后三时公祭云。”

沙孟海为吴昌硕撰写了挽联：“是道咸同光宣五朝元老，为金石诗书画一代传人。”

吴昌硕之于沙孟海，除了艺术上的教导，更重要的是为后者地位的确立作了绝佳的背书。可以说，知沙孟海者，吴昌硕也！而知吴昌硕者，也非沙孟海莫属。对于吴昌硕书法篆刻及其对他自己的影响，沙孟海曾作了客观描述：“据他（吴昌硕）自己说，早年楷法专学钟繇。……中年以后，少写真书，风格一变，楷法倾向黄山谷。看他所写《蒲作英墓志铭》，表现最突出。寻常楹联稍带正楷者，亦多用山谷结法，但不专师山谷。行草书纯任自然，一无做作，下笔迅疾，虽尺幅小品，便自有排山倒海之势。此法也自先生开之，先生以前似尚未见专门名家。晚年行草，转多藏锋，坚挺凝练，不涩不疾，亦涩亦疾，更得‘锥画沙’‘屋漏痕’的妙趣。当我未见先生秉笔之前，意谓行笔必迅忽，后来见到他秉笔，并不如我前时所想象，正锋运转，八面周到，势疾而意徐，笔致如万岁枯藤，与早年所作风格迥殊。”

对于吴昌硕的历史地位，沙孟海同样不吝赞美：“吴先生是我国历史上兼擅诗、书、画、印四门学问，不但兼擅，而且四门学问都列为第一流的全能艺术家。这样的全能艺术家，宋以前只有诗学、书学、画学，还没有印学，不必说。元初以来一直到今天七百年中间，屈指计算四门学问都列上第一流的只有赵孟頫、王冕、赵之谦和吴昌硕四家。明代二百七十多年中间，这样的人一个也没有。文徵明诗、书、画是第一流，印就不是专门。清代二百六十多年中间，可以备选的，如程邃、黄易、奚冈、赵之琛……虽也兼擅四门学问，但不是每门都能列上第一流。这样漫长的七百年中间，四门学问都能上第一的，只有寥寥几个人，真可以少而又少，难能可贵。吴昌硕先生时代最晚，年寿最高（赵孟頫只活到六十九岁，王冕约七十三岁，赵之谦五十六岁），加上他的主要活动在十九世纪末二十世纪初，五州交通之后，所以声气最广，名望最大。日本、朝鲜人崇拜吴先生的很多，西泠印社前一辈就有两位日本社员，都是为了仰慕吴先生而远涉重洋把臂入林的。西泠印社前一辈的社员，虽也人才济济，对印学研究有显著成绩，假使不是吴先生担任社长，这个社未必能在国际学术界有如今的崇高地位。”虽然未能直言定论，但“诗书画印第一流，七百年来第一人”之意凿凿。

1931年5月18日，对沙孟海一生影响最大，在他内心视之为父亲般的恩师冯君木在上海逝世。因“冯师生前喜爱蔡邕的金石文字”，沙孟海以蔡邕集中所题褒的汉代师儒陈寔（仲弓）与郭泰（有道）两人比拟恩师冯君木，撰写挽联云：“陈仲弓文为德表，范为士则；郭有道贞不绝俗，隐不违亲。”可谓对冯君木一生勤勉治学、低调做人的精准概括。

沙孟海还为恩师作《冯君木先生行状》：“先生讳幵，字君木，浙江慈溪人也。吴越建国有叔和者，自婺州来徙，卅有二传而至先生。曾祖应翥，祖梦香，清候补典史，两世皆赠朝议大夫。考允骐，国学生，赠修职郎，累代清郁，光闻州邑。先生生有嘉表，聪远韶纯，群经百氏，遇目能识，文辞烂然，若有天授。方十五六，故已荦荦有志节矣。年二十，补县诸生，旋食廪饩。光绪二十三年选拔贡生，朝考二等，吏部询问，原就教职，补用教谕。出为丽水训导，兴文教，修学宫，士议繄归。留之一载，调任宣平教谕，以病未赴。雅怀恬介，不乐仕进，三十而后，即栖迟邑里，结志坟典，萧条高寄，不与时务经怀。与同县陈镜堂晋卿、郑光祖念若、冯毓孳汲蒙、陈训正无邪、应启墀叔申、钱保杭仲济、魏友枋仲车诸子为剡社。日月要晤，会文辅仁，一时溪上号多士焉。先生于学，无术不综，广稽约守，包括道要，不为门户异同之论。文章渊雅，尚规汉魏，言典致博，造次必尔。盖自文笔别途，不相合谋，骋辞华者，日靡于繁富；矜省净者，拜遗其风骨。先生假长补短，独重气体，剥散浮华，归于简朗。用能巧不伤理，隽不害道，安贴审固，情彩并茂，可谓修辞立诚文质彬彬者也。诗主萧澹，不涉凡响，蕲向所届，惟在介父（介甫）、无已（师道）。故其所为，植骨必坚，造意必刻，运息必微，导声必涩，裒然自成一家言焉。少好倚声，与孺人俞氏闺房酬唱，自为师友。孺人既卒，斯事遂废。晚交桂林况周颐夔笙、吴兴朱孝藏古微，复多按度。朱氏辑《沧海遗音集》，都十余家，其一即先生也。蚤岁孤露，孝奉慈母，而体仁爱人，罔间戚疏。其交友也，不以贫富易掺，不以死生殊节。家故不丰，自奉甚约。至于亲类急难，友生失据，推食解衣，无俟告语。少年承学，善诱善导，薄孅片能，辄称誉勿置。先博其趣，然后勉进艺业。故弟子敬爱先生，犹敬爱其父兄也。春秋五十有九，以民国二十年五月十八日告终上海寓次。自冬涉夏，寝疾数月，朋曹候视，趾错于庭。或通宵留待，未忍违去。比其殇也，皆挥涕失声，哀不自胜，设位会哭，动数百人。自非赅行备德，内修于己，夫孰能感孚俦类若是其至者乎！遗著有《回风堂文》若干卷，诗若干卷，词若干卷，胜记若干卷，皆未刊。元配俞孺人因，字季则，有《妇学斋词》若干卷，继配陈孺人、李孺人，子男二，贞胥、贞用；女一，贞俞。孙男女各一人。文若受知先生，既夙且深，甄述景行，义无多让。重以顾言所及，承命祗惧，薄言最叙，忘其愚弃。将来君子，或裨观见焉。”

沙孟海是恩师冯君木追悼会的筹备委员。1931年7月26日《申报》报道《冯君木追悼会筹备讯》云：“慈溪冯君木先生追悼大会发起人，昨日下午三时，在宁波旅沪同乡会开谈话会。到者张申之等廿余人，商定八月廿三日假宁波同乡会举行追悼。当场公推张申之、励建侯、费汝梅、蔡琴荪、陈器伯、洪荆山、魏友棐、洪通叔、陈宾旸、钱箕传、任士刚、何寅庵、魏拜云、沙孟海、冯子衡、胡仲持、杨葆仁等为筹备员，并定廿七日下午五时开第一次筹备会。”

1931年8月23日，冯君木追悼会在上海宁波同乡会举行，沙孟海参加了追悼会，并为主持搜集、整理出版冯君木诗文集及为纪念冯君木而组织的“回风社”的成员之一。1931年8月24日《申报》报道《昨日举行冯君木先生追悼会》云：“慈溪冯君木先生追悼会，昨日下午二时，在宁波同乡会举行。到友人程子大、袁伯夔、赵叔孺、张咏霓、秦润卿、李征五、孙梅堂及门弟子陈布雷、吴经熊、王个簃等一百五十余人。由陈屺怀主祭，张申之司仪，行礼献花毕，陈屺怀报告冯先生行述。嗣张咏霓提议刻印冯先生诗文集，当推定陈屺怀、忻祖年、张咏霓、虞士勋、余云岫、张申之、魏伯桢、蔡琴孙、陈布雷、沙孟海主持其事。次王东园演说，家属答谢。礼成后，门弟子集议组织回风社，于每年冯先生忌日，设祭纪念，并藉此联络同门感情，当推定徐荷君、王个簃、魏拜云、董贞柯、任士刚、陈仲慈、陈秋阳、陈器伯、冯子衡、洪通叔、胡仲持等十一人为筹备干事，暂假宁波同乡会四明文社为通讯处。”

随后，沙孟海每年都参与“回风社”的活动，对此《申报》亦多有报道。如1931年8月28日《申报》报道《回风社筹备会议》云：“回风社昨在宁波同乡会四明文社开第一次筹备会议，到筹备干事董贞柯、王个簃、陈器伯等八人，由董贞柯主席。决议（一）春秋两季公祭回风先生各一次，同时即开社员大会；（二）募集本社基金，暂定总额为一千元；（三）编印回风社丛书；（四）公推胡仲持、陈器伯等起草社章；（五）分配筹备干事会各干事职务；（六）推王思成、冯威博、童藻孙、陈布雷、杨菊庭、吴经熊、冯养生、陈钦孙、沙孟海等二十五人，负责征集同门学友加入本社为社员。”又如1931年12月25日《申报》

报道《回风社定期公祭冯君木先生》说："慈溪文学家冯君木于本年下世后，门弟子陈布雷、王个簃、吴经熊、沙孟海等征集同门，组织回风社，藉资纪念。经推定筹备干事，负责进行。兹闻本月二十九日为冯先生诞辰，该社同人，即于是日就本埠牯岭路铁观音寺，举行公祭，时兼开回风社成立会云。"再如1932年5月21日《申报》报道《回风社定明日举行公祭》云："慈溪冯君木先生门人王个簃、沙孟海、任士刚等所组织之回风社，成立以来，已历一载。兹定于明日（星期日）上午十一时，假府小有天菜馆举行公祭，并开第三次社员大会。"

对于沙孟海参与"回风社"搜集、整理出版冯君木先生诗文集事宜，1934年1月15日《申报》还有《回风社筹刻回风堂诗文集》的专门报道："慈溪冯君木先生门人所组织之回风社，昨午假座飞鹏艺术会，举行冬季大会，到社员二十余人。公祭后，讨论刻印回风堂诗文集事宜。决议：（一）继续征集刻书经费，限三月底结束；（二）推定各地筹集刻费人员，沪：洪荆山、陈器伯、陈仲慈、蔡松甫、钱箕传；杭：童藻孙、董贞柯；甬：杨菊庭；京：沙孟海；（三）推沙孟海、冯都良、袁孟纯担任校对，任士刚担任会计，王启之、胡仲持担任发售，洪通叔、魏彦忱担任文书；（四）本社通讯处暂定上海宁波路寅泰庄洪通步转。"

综合上述，沙孟海对于恩师冯君木诗文集的搜集整理出版，可谓是最费心力的，其尊师重道之高义令人敬佩！

五、陪都重庆

在中央大学待了近一年时间，由于"九一八"事变突发，国民党内部发生了较大的人事变动，尤其是朱家骅。沙孟海随着他的变迁，工作几度更换，先后就职于教育部、交通部、中英庚款董事会①，只是工作性质仍是单纯的文字秘书。

这段时间，沙孟海的子女相继读中学，五弟文度也进入了上海美专深造，与族弟沙引年（后改名沙耆）同学。第二年，又介绍文度和沙耆至中央大学艺术科为旁听生，从徐悲鸿先生学画，深得徐悲鸿先生青睐。后，沙耆经徐悲鸿先生介绍，去比利时皇家美术学院深造，并与毕加索及其他著名的现代油画家在法国、比利时共同举办展览会，一度成为当地颇有影响的画家。随后经文威介绍，文度由重庆转延安，进鲁迅艺术学院学习。

三弟文汉在上海艰苦工作，体力不支，有一次居然晕倒在马路上，得到组织上批准前来南京沙孟海处养病。不过南京环境险恶，不是久留之地，因此化名沙房山，由沙孟海推荐给刚出任安徽省教育厅厅长叶元龙②，在安徽省教育厅当一个科员。但九月间在安庆因前中共驻莫斯科代表团的余飞被捕，供出沙文汉，致其差一点被捕。后沙文汉匆匆逃到上海，并在上海与

① 清光绪二十六年（1900）为庚子年，八国联军攻陷北京，强迫清政府于次年9月7日签订《辛丑条约》。条约中规定付给英、美、俄、德、日、奥、法、意、西、荷、比十一国赔偿银4.5亿两，年息4厘，分39年付清。即所谓“庚子赔款”。1918年第一次世界大战结束，德、奥等同盟国失败，英、法、美等协约国取得胜利。中国当时参加了协约国，也成了战胜国。巴黎和会以后，英国政府在中国人民爱国运动促使下，于1922年12月宣告：“以后中国应付逐期庚款预备悉数退回”，但又附加条件规定要“作为两国互有利益之用”。经多次交涉，1930年才由中英两国政府正式换文，换文规定：“一、设立董事会；二、全部退回之庚款，设置基金，借充建筑铁路及经营其他生产事业，再以所得利息兴办教育文化事业；三、在伦敦另设购料委员会，凡铁路及其他生产事业借用资金需购外洋器材必须交购料委员会在英国购买。”1931年4月8日，中英庚款董事会在南京成立。购料委员会亦于同日在伦敦成立。

② 叶元龙（1897—1967），安徽歙县溪头镇蓝田村人。曾为中央大学经济学教授。

陈修良结婚，其后决定去日本。

沙孟海多年来一直奔波，家庭经济亦十分拮据，近一两年来生活才比较安定，因此将辛苦治家担惊受怕一辈子的母亲接来南京同住，以尽孝道。

未几，因朱家骅由交通部长调任中央政治委员会秘书长，于是沙孟海被安排在朱家骅兼任董事长的中英庚款董事会任干事，并在国立编译馆兼职任编纂。

朱家骅又调任浙江省政府主席，沙孟海随朱任浙江省政府秘书处秘书，居杭州佑圣观路。翌年，抗日战争爆发，沙孟海先打发在杭家眷回宁波老家沙村，单身一人留在杭州。但日本飞机向各大城市狂轰滥炸，沙母陈龄不放心沙孟海单身一人在杭，遂令夫人包稚颐前去杭州陪同。

1937年11月5日，日军在金山卫登陆，沿沪杭铁路向南紧迫杭州，浙江省主席易人，由军人黄绍竑[①]担任。朱家骅交卸浙事后奉命至武汉任军事委员会参事室主任。那时中英庚款董事会已迁至武汉，朱嘱沙孟海也往武汉到中英庚款董事会复职。于是沙孟海遂令夫人月底乘汽车先行西去，经淳安入歙县，换乘轮船再前往汉口。

1938年9月，沙孟海迁往重庆。关于这段经历，沙孟海曾有《入蜀记》详尽记之："倭人入寇，余以二十八年[②]二月避地汉口，稚颐后至。四月，五弟季同携余子女展世、频之、秣之、匡世至，季同转赴中州。五月，徐州陷。稚颐先挈儿女附轮船溯江

① 黄绍竑（1895—1966），历任广西省、湖北省、浙江省主席、内政部长等要职。

② 应是民国二十七年，即1938年之误。

入重庆，已而安庆、九江相继陷，寇薄汉口。九月某日，余乃乘飞机行。中夜三时，就航空公司交付行箧，上汽车，趋王家墩机场。从星光晦黯中，见道上男女老弱负筐担囊，络绎不绝，皆市民避难者也。汉渝往返水上机，日一机一班。防倭机袭击，是时已改夜行。重庆山邑，夜降又不便，故皆飞成都。比日乘客拥至，昨夕始改陆上大机，日两机两班。黄昏已发一班，俟其回，乃发第二班，余当乘第二班。俄而机场四面大张灯火，两机先后寻灯火而下。余先登一机，五时半升飞，去汉口不半晌。东方渐白，众客尽睡。余历览山川，虽倦，犹能鼓其兴。初所见皆川原，已而万山钻聚，不复辨大江所在，盖江行纡曲，而机则直进。望连峰缺凹处，疑是江流所经，即近视之，仅得小川，非江也。又见一抹白色，亦疑为江，既近，则云也。直至近重庆处，始见江流，迢递曲折，随山而转，曩观释道济画少陵'即从巴峡穿巫峡'诗境，今日遇之，沿途未见都邑，惟有一处濒江市集，小若蚍垤，亦不识其地名。蜀境诸山，多辟梯田，层层纠缭，黄白相间，雕山作玛瑙状，亦可见无山无人迹矣。昔人叹蜀道之难，如上青天，今关山飞度，眴息千里，是何轻快，惟无繇睹瞿塘滟滪之奇耳。飞行两小时许，抵重庆，已平旦不须更转成都。望叠嶂层楼半隐云雾之中，两江萦其三面，城南江中沙洲曰珊瑚坝，今为机场。下机，大雨。渡江，扶与登岸，危崖斜坡，随处而是。家人僦屋城西枣子岚垭，展频两儿已就学，稚颐独与两幼居。方恐余处危城，不得舟车，见余至，大憙过望。两幼尤痴绝，牵衣问事，类少陵北征诗所写貌者。枣子岚垭当新市区中凹处，距城四五里。蜀人所谓垭，殆即楚人所谓窪。此间地名又有曰碚、曰垮、曰墒，曰凼，凼读若荡，皆地方字，字书所无。余所乘一机既升飞，有粤人戴君者，方待第二机，乍见一机盘旋空际，连掷爆弹下，则敌机也。戴等仆地避之，皆未中。其人到重庆，为余言之。余先发，未受惊，亦幸已。”

国事蜩螗，内心煎熬，可见一斑。

正当全国人民同仇敌忾群情激昂抗击日本帝国主义侵略之际，日寇妄想把蛰居北平的旧军阀吴佩孚抬出来，搞“华北自治政府”。当时任国民党中央政治委员会秘书长的朱家骅向蒋介石建议，由他以中央秘书长身份发一份电报给吴佩孚，阻止他出山。蒋同意后，朱家骅就将起草电文的任务交给沙孟海，沙孟海以古文形式，力陈“夷夏之辨”，晓以春秋大义，敦促吴佩孚以民族为重，切不可与虎谋皮，干出亲痛仇快之事……朱认为满意，将电文通过秘密电台急电北平国民党特工人员速交吴佩孚的好友张芳岩，由他亲自递交给吴。

1938年12月18日，汪精卫乘机离开重庆经昆明飞往河内公开投敌，朱家骅得悉汪精卫的特务欲拉吴佩孚下水的情报，又叫沙孟海起草了第二份电报。吴佩孚通过国民党北平特工人员曾发回一个电报，言辞恳切，内有“仆虽武人，亦知大义”，“此心安如泰山”等语，表示决不与日本人同流合污，干出不齿国人之事来。

沙孟海用他的如椽巨笔为国民政府解了围，在一场没有硝烟的战场上取得了重大的胜利，但其实这是他的余事而已。他的主要工作还是在中英庚款董事会里。

中英庚款主要用于：保护文物古迹、补助高等教育与研究机关、考送留英公费生、补助特种教育事业，还有就是对人的补助——“抗战开始北方大学教授迁徙，而各处科学人员亦被疏散，大学新毕业青年更难寻找适当工作”。为适应需要办理了三件事：一、在内地各大学设置讲座，以期安定北方一部分教授三十余人；二、协助科学人员，救济被疏散人员百余人；三、设置科学研究助理，救济大学新毕业青年七十余人。

如1938年7月，中英庚款董事会为救济各大学流亡教师，特拨一笔专款名曰科学研究协助费，专家按照规定写出研究计划送会审查通过后，按月送研究费等于月薪。童第周、傅抱石[①]皆受过这种协助，傅抱石写出的中国美术史及印学研究计划就是沙孟海亲自审查的。

战时重庆，中英庚款董事会位于重庆新市区两路口一座名叫“玉川别业”的小楼内，有一较完善但不大的防空洞。沙孟海给友人如潘伯鹰[②]、沈尹默[③]等均发给该会防空洞的出入证，后亦为避寇来渝不久的乔大壮[④]办理过出入证。潘伯鹰是一位书家，对沙孟海所书“中英庚子赔款董事会”的会牌非常欣赏，认为九个字如一个字一气呵成。

在战时重庆，中英庚款董事会所在的“玉川别业”，难得地

① 傅抱石（1904—1965），生于江西南昌，祖籍江西新余。原名长生、瑞麟，号抱石斋主人。现代画家。

② 潘伯鹰（1904—1966），安徽怀宁人。原名式，字伯鹰，后以字行，号凫公有发翁、却曲翁，别署孤云。现代书法家、诗人、小说家。

③ 沈尹默（1883—1971），浙江湖州人，原名君默。著名学者、诗人、书法家、教育家。

④ 乔大壮（1892—1948），近代词人、篆刻家。

给沙孟海放下了一张书桌，在这里，他力所能及地给友朋提供庇护，并接待在重庆的名士。如1941年1月，章行严（士钊）先生避警报于中英庚款会防空洞时，闻潘伯鹰言，昔日他在南京赠陈仲子（独秀）一诗，沙孟海处有录稿，写了个纸条给沙孟海云："闻伯鹰言，曩在南京赠陈仲子一诗，尊处有稿，便中乞写示，以久已忘之矣。"并新作诗一首相赠："大道朱甍百尺浮，夕烽窥罢更登楼；傍垣残洞深深见，似水行人滑滑流。力比五丁开蜀国，诗惭一老到夔州；细忖元是潇湘客，何日苹花始自由。"

沙孟海时在离重庆市区三里之远小龙坎附近的红岩嘴农家小屋租住，在渝后期则居新市区上清寺聚兴村庚款会宿舍，离两路口会址较近，离陈布雷住所亦不远。同门师兄，经离乱而居近地，再加上对沙孟海才华的欣赏，陈布雷总想着推荐师弟出仕。后得到朱家骅同意后，沙孟海以半天时间至曾家岩军事委员会委员长侍从室第二处四组兼任秘书，分办应酬翰墨文字。陈布雷为二处主任，四组组长为陈芷町[①]。另半天时间仍在中英庚款董事会工作。

1942年，沙孟海因在中英庚款董事会及侍从室二处兼职，每日来回奔波，积劳成疾，医师诊断患肺结核，后获准请假至歌乐山附近石壁山中英庚款董事会的一所住房养病。休养期间，沙孟海念及自己酷爱文学的一介书生却误入仕途的经历，不免感慨

① 即陈方（1897—1962），江西石城人，字芷町，号荒斋，一号大荒斋主。1937年夏，经陈布雷推荐，任蒋介石侍从室第四组组长，专职处理收发公文。1939年4月，开始代替陈布雷起草公文。1941年向蒋介石提供建议，平定物价。时人目为"蒋介石大内总管、十大秘书之一、民国时期天下第一刀笔吏"。

万千。致友人《与丁山[1]书》中云："人所需求，非我所专胜，业趣相反，意兴萧索，似此劳生，诚非久计，异时海宇廓清，翩然东返，便当解脱鞅醉，修吾初服"等语。又致同乡友人《答童次布[2]书》云："吾两人抗心希古，行趣略同，少壮精力，耗于文辞，间关西来，累岁庸书，旧业都废，方恐蒲柳之质，难以自保。"均为他内心苦闷的表露。

1938年以来沙孟海不愿进入军事或党务机关，因此到1945年抗战胜利时一直在朱家骅任董事长的中英庚款董事会工作。其间朱家骅被任命为教育部部长，遂遵命调任教育部秘书，但仍在中英庚款董事会、侍从室两处办公。

六、母逝

前文援引沙孟海所作《入蜀记》约略提到夫人包稚颐和展、频两儿入蜀情况。

战事渐紧，沙孟海一家亦是四处离乱。

1938年。二月。国民党军事委员会成立参事室，朱家骅被委为参事室主任，需要熟悉武汉的办事人员。于是沙孟海介绍曾在武汉工作过的四弟文威去该会任干事，年底前随该会撤退至重庆。

四月。五弟沙文度原与族弟侄伯南一起携沙孟海长子展世、二女频之、三女秝之、四子匡世至武汉，长女韦之中途去浙江兰溪与张令杭结婚。次子茂世与三子更世及侄女兼之则留在老家分

① 丁山（1901—952），安徽和县人，商周史学家、古文字学家。

② 即童弟德。

别入宁波中学和村中小学读书。文度由文威与武汉八路军办事处联系，化名陈正煦并由长江局开具证明去延安鲁迅艺术学院，后赴华北抗日前线在八路军一二〇师做宣传工作。

五月。包稚颐由伯南陪同携展世、频之、秣之及匡世乘轮船溯长江而上先去重庆。后展世与频之分别入四川合川的国立第二中学与重庆沙坪坝的南开中学。秣之、匡世则在求精小学读书。

1939年，沙孟海三弟文汉根据中共中央关于江苏省委归东南局领导的决定，自上海去皖南军部向东南分局书记项英汇报工作，曾绕道过兰溪，得到了在兰溪合作金库工作的沙孟海长婿张令杭的帮助，为他们办理了从商的通行证，一路来回方便不少。文汉在兰溪时见到了沙孟海长女韦之刚出生的儿子张同年，但当时远在内地重庆的沙孟海却不知道，否则三十九岁年轻的外祖父将如何的高兴呢！

1940年。秋。朱家骅升任中央党部秘书长，其所属中央调查统计局局长按规定由秘书长兼任，因朱的关系沙孟海遂与中统局所属特种经济调查处处长、浙江同乡温州人李超英相识。是时，军事委员会参事室由王世杰接任主任后，四弟文威被认为是朱家骅的亲信，处境困难，更重要的是不易收集到任何情报。根据文威要求，沙孟海将其介绍至李超英的特经处工作。所谓“特经处”的对象不仅仅是日本人，同时亦包括共产党方面的经济。这样，实际上更有利于四弟文威将情报源源不断地通过联系人送给当时在重庆的周恩来。

十二月。得三弟文汉以表哥（起）身份自上海托人致四弟文威书，知他们夫妇俩“因为业务上的关系也要离开上海”，即准备去延安接受审查在莫斯科及四中全会时反王明的“反党”问题，又提到“孟海兄的职业殊太不适宜，他是一个书生，而却厕身在最恶劣的商业机关中……我希望他能在教育界等类的地方去找个出路”。沙孟海见到信后，深感亲切的亲情，但现实已如此，为时已晚，如之奈何。

1941年。一月。由于发生了震惊中外的皖南事变，国民党加紧对共产党的侦查，同时因有了解沙文威情况的同志被捕，文威处境险恶。周恩来迅速做出决定，让他立刻离开去上海。沙文威一家人乘坐中国茶叶公司的运输车队离开重庆。

五月。宁波县城沦陷，幸沙母及沙孟海二弟媳等在家乡，留在宁波的次子茂世、三子更世、侄女兼之原在城中读书，不得不返归老家，就近择校继续上学。

十二月。太平洋战争爆发，日寇在上海进占租界，时沙孟海三弟、四弟夫妇均在上海，次子茂世也于宁波沦陷后八月间设法来上海入效实中学的上海分校读书。沙孟海避寇居重庆，邮递阻梗不易得家中信件。一家人分处宁波、上海、重庆三地，实令他挂念不已。

1942年。秋。鉴于日军占领上海租界后的严重形势，三弟文汉夫妇随同江苏省委从孤岛上海撤离至淮南根据地，行前将四弟媳汪菊影以及在上海建承中学读书的沙孟海三子更世、侄女兼之亦带往淮南学习。子辈约一年后才返回宁波老家，就近在奉化中学和宁海中学读书。由于音讯中断，这些情况沙孟海当时并不知晓。

1943年。秋。沙孟海五弟文度在延安遭遇“抢救运动”的迫害，被怀疑是国民党派遣来的特务，隔离关押。四弟文威于1935年在武汉情报站工作时的领导同志恰调任陕甘宁边区保卫部局长，由其发现并予证明，才获得释放。但五弟已精神失常，一日在延河边散步时猝倒病亡。

十一月。得侄女兼之自故乡来信，沙孟海在1945年《家书四记》一文中云："县府越境迁宁海，留一秘书及一支队长在沙村，皆住我家。日伪军侦知有吏住我家，自北麓潜登后山发炮下击，轰然洞我小屋顶，幸未爆炸伤人。"又云："行从卒走上楼，搜索财务，终夜有声，家人莫敢谁何，吾母连数夕不安寝，已而病发，遂不起。"

对此，沙孟海在《忆母亲》一文有详细描述："抗日战争时期，我在重庆，文汉在苏北抗日根据地，重叔先在重庆，后回上海做地下工作，季同在延安，后转山西、河北抗日根据地工作，子侄辈也都散处各地，独有王弥随侍母亲，姑妇相守，形影不离。宁波沦陷，国民党的专署、县政府皆撤迁到宁海。我乡东部大嵩、咸祥等处有日寇与伪军盘踞，西部山区比较偏僻，国民党有些机关如法院、田粮管理处等便撤到这里。县政府亦设一办事处，并有武装支队。办事处主任、支队长先后住我家。他们了解我家兄弟参加第一次国内革命的情况，对当前诸弟及子侄辈的行踪和情况，必然在他们密切注意之中，所以母亲与他们之间一直互有警惕。而东部的敌伪部队又不时四出进犯，居民一夕数惊。有一次敌伪部队由管江翻过沙村后山，在半山架起小钢炮向我村射击，我家的前面平屋屋顶轰然中一弹，屋椽打成大洞，幸未爆发。母亲素患肺气肿，这几年家人四散，音讯不通，加上敌伪的威胁，国民党乡保长与有些官吏的横行不法，目不忍睹，病情逐年加重。……有一国民党高级官员，带了卫队巡行过境，住我家数日，嗾使卫兵上楼搜索，翻箱倒箧，终夜有声。母亲连数夕不得安睡，又气又愤，旧病剧发，从此不能起床。”

十二月。沙文汉在淮北途中作《癸未岁暮淮阳道上念母》诗一首，表达他对慈母的深切思念：“悲风号角摄山川，雪野皑皑远接天；游子心中尚慈母，征夫马上又残年。未能治业为家道，又忆抚儿赐岁钱；振辔登高望故里，不堪触目尽狼烟。”

1944年。六月一日，晨7时，沙孟海母亲陈龄病逝，年六十八岁。当时只有“叶氏小姑母、王弥两人与母亲患难相依，寸步不离。重叔近在上海，交通困难，想尽办法赶回家。文求女兼之就学奉化，适亦回家。家属送终者只此数人”。

沙母陈龄生五子，临死之日，国家涂炭，大儿子沙孟海在重庆，二儿子沙文求为革命事业先她而去，三儿子沙文汉自1928年被通缉离开家乡以后一直未返，五子年仅31岁因在延安的“抢救运动”中迫害，精神失常后猝死，终究只有四子一人而得以送终。

陈龄，一个山村寡妇，在她坚持送大儿子出山读书的那一刻起，也许冥冥之中已经决定了他们一家在动荡年代的坎坷命运。在她逝世时，五个儿子——一个国府秘书，四个优秀的革命者，他们为了国家和民族的命运始终走在时代的前列，可谓“光宗耀祖”，陈龄也可谓极尽哀荣。

只是在沙孟海的心中，却有着无穷的遗憾。他在《家书四记》中写道：

五月六日立夏母始病，有数日手足皆冷，不省人事，季远（文求遗孀）电速其归，十六日抵家，母病有间，医言将不治，廿五日得余四月九日家禀，四弟犹读与母听。母曰："复书勿道我病重，使汝兄忧急也。"

但言母卧病两旬，以一日晨七时弃养，遗命暂殡后山，俟寇平乃发丧，读后竟心痛欲裂，往岁冬寒气喘，至弗能起床，近年不复若是，私信窃喜，绝不料干戈未戢，先归大暮也。……吾母以垂暮之年，犹日日为家事撄心，吾兄弟奔走四方，莫能分其劳苦，有子如此，诚不如无有矣。……故君子当亲存之日，养志承欢，汲汲如恐弗及。吾心知之，独不能行之，不孝之罪，尚可逭耶！

此等人伦之祸，为人子者内心之痛，绝非文字足以形容万一。

七、修谱

1945年8月15日，日本帝国主义宣布无条件投降。次年5月，国民政府宣布还都南京，沙孟海得以东归南京，居山西路附近玉泉路六号。

还都之后，蒋介石感到已经走到人生与事业的顶峰，因此想起了《武岭蒋氏宗谱》。蒋介石、蒋经国父子是溪口蒋氏的第二十八世和第二十九世孙，他们对家族有着深厚的感情，十分重视族谱的修纂。即使抗日战争炮火连天的年代，蒋介石命时在江西赣州担任专员的蒋经国，设法在日寇的重围下把1917年修纂的《武岭蒋氏宗谱》从沦陷区家乡携至赣州，再辗转送往陪都重庆。蒋介石如获至宝，自称“反复诵读，几至废寝忘食”。

距离上次修谱已将近三十年，在这样特定的历史时刻，更是有重修的必要。蒋介石令侍从室第二处第四组组长陈方查清蒋氏宗谱中的两大疑点。陈方把这一任务交给了沙孟海。当时沙孟海为教育部秘书，先是调到文官处每天半天工作，后来补上国民政府秘书。沙孟海凭借丰富的文史知识迅速查清。陈方据此如实上报此系沙孟海所为。蒋介石正好在物色修谱人选，见此报告，次日即派蒋经国到国民政府来看沙孟海，奉父命并代蒋氏宗族请他负责重修宗谱工作。

沙孟海考虑到一家四个弟弟和弟妇等长期从事中共地下党工作或在解放区工作，二弟文求且已在广州牺牲，这一点蒋介石父子是不知道的。至于他自己在国民政府主要凭一套旧笔墨吃饭，不管“文案”。但平日对史志谱牒之学颇为得意，既然有修谱机会，便同意了。

接着便由蒋经国向溪口蒋氏家族联系，在溪口开会讨论，他和沙孟海都去参加。会后随即提取旧谱数种带回南京。沙孟海考虑修谱应从几方面进行工作：第一，新谱凡例，由其着手起草，此是主要的。第二，安排纂修工作人员。第三，追查先系。从旧谱找出先世有联系的各地同宗，向他们借取家谱备参考。同时查阅当地的府县志。第四，蒋氏族人新生一代旧谱未经载入者，不论殁存长幼，依照凡例制订的项目，由各房推定人员分头进行采访。

关于纂修人员，沙孟海推荐了多个。国民政府内部还腾出一间空房，给他们纂修工作之用。

关于凡例，沙孟海参考明清史志学者刘念台（宗周）、万充宗（斯大）、章实斋（学诚）、孙渊如（星衍）等各家学说，斟酌古今之宜，撰就《家谱通例》十六条，加上蒋谱具体事实，又撰《新谱凡例》三十条，并就商于江苏国学图书馆馆长柳诒征、中央大学教授汪辟强等国学大师，再经陈布雷初审，蒋介石亲阅批准："照此办理。"

蒋介石平日住中央军校，随时要索阅谱稿，白天晚上不一定。侍从武官往往突然来个电话，并派车来接。沙孟海去时总携带手头稿件，一面向蒋介石说明情况，一面即向他请示。

沙孟海修蒋氏家谱历时两年余，到最后即将付印之时，蒋介石指示，内外题签，长篇序文都请吴稚晖撰写。总编纂定为陈布雷。沙孟海转告陈布雷，并加拟了一个编纂协纂名单，沙孟海自己只列四个编纂之一。陈布雷看后说："孟海，修谱之事，其实是你一个人奔走，我是总编纂，你应该是副总编纂。"沙孟海说："哪里话，蒋族未与我联系之前，已邀请溪口夏老，虽未着笔，但乡党尚齿，如列我为副总编纂，便难以位置夏老。"名单报上去后，蒋介石别无意见，只是在他亲笔写成的《先系考序》一文中写明："今岁戊子吾族重修宗谱，特聘武进吴敬恒先生为总裁，主其事，慈溪陈君布雷、鄞县沙君文若为编纂，襄其成。"历时三年编纂的《溪口武岭蒋氏家谱》就由吴稚晖挂头牌，陈布雷、沙孟海为主，而实际上则是沙孟海一手编纂而成。

其间，蒋介石还请沙孟海为其丰镐房内报本堂两侧柱对撰联，上联“报本尊亲是谓至德要道”，下联“光前裕后所望孝子顺孙”，并由蒋介石亲书，至今尚在。

1948年12月，在溪口举行“进谱典礼”。蒋介石对《溪口武岭蒋氏家谱》极其满意，原打算借“进谱典礼”，衣锦荣归显赫一番的美梦，但被东北战场节节失利以及规模空前的淮海战役彻底破灭了。典礼循旧归由宗长主祭，各房房长陪祭，纂修人员例不参与，但被邀与宴。沙孟海随蒋经国到奉化溪口，镇上悬灯结彩，锣鼓喧天，弦歌不断，热闹非凡，但终究掩盖不了笼罩于蒋氏王朝头上阴郁凄凉的前景。

沙孟海脸上，更无欢愉之色。他无法不想《溪口武岭蒋氏家谱》的总编纂、总统府国策顾问、代理国民党中央政治委员会秘书长，他的同门陈布雷还尸骨未寒。

八、陈布雷之死

沙孟海和陈布雷系出冯门，后者稍长，道德文章一度曾是师弟们的楷模。但沙孟海很长时间和陈布雷并不往来。

1931年，沙孟海的四弟沙文威在宁波被捕，沙孟海先是通过朱家骅向浙江省政府说情，可是浙江省当局不买朱的账。无奈只得去找同门陈布雷帮忙。当时陈布雷正忙得焦头烂额，在中央大学任教的陈布雷胞弟陈训慈说：“救人如救火，我们先以布雷兄的名义发电给浙江省政府，事后再给他打声招呼。”后来沙文威是救出来了，可陈训慈却受到陈布雷的严厉批评：“你们为什么不给我打一声招呼？”对此，沙孟海心中耿耿于怀，以后一直与陈布雷疏远得很。

想不到的是，沙孟海在重庆，住处离得与权倾朝野的陈布雷很近。有一天，朱家骅通知沙孟海说："布雷先生要你到他家里去一趟，说有事找你商量。"

沙孟海犹豫了好一会儿，最后还是来到了陈布雷的寓所。

1933年，蒋介石设立侍从室，陈布雷为二处处长，兼任国民党中央政治委员会代秘书长，作为蒋介石的"国策顾问"和政治秘书，除了起草文告、函电、命令等，还有许多如挽联等红白喜事需要应酬，也得有人代笔。陈布雷失眠严重，身体疲惫不堪，迫切想要找一个帮手。想来想去，想到了近在眼前的沙孟海。这个比他小十岁的同乡和同门，颇有文才，秉性清高，特别是一手好书法早已扬名上海滩。可是他有几个弟弟曾经是共产党员。不过沙孟海本人倒是不问政治，徒具书生意气。

1941年的一天，侵华日军出动几十架飞机对重庆狂轰滥炸，陈布雷在防空洞里碰见了朱家骅，说："骝先兄，我想请我的同乡同门沙文若到侍从室来帮忙，委员长也很重视他这个人才。""布雷兄，沙秘书不愿从政，他本人意愿……""这点无妨，像沙君这样才气横溢之人，总是清高的。侍从室也不过是想请他搞些庆吊文字。请你回去告诉他，先到我家来一趟，我们同学面谈叙旧。"

"孟海兄，布雷几次请你，你却借故推辞，你我之间还有什么疙瘩解不开呢！"陈布雷很客气地说。

"哪能呢，孟海整日忙碌，无暇外出，布雷兄日理万机，我怎么好随便打扰。"

"见外，见外，你我同饮甬江之水，又同受冯君木先生教海，同窗手足，何能一时忘怀。”沙孟海是个书生，听了陈布雷真挚的话语，也动了感情。陈布雷继续说道：“现在国事实忙，急需真才实学之人。今请孟海兄前来，实望仰仗你的大力，在侍从室为我分担一些公务。”沙孟海一听，如坐针毡，急忙说：“从政，我是一窍不通的，我只会教书。”

陈布雷淡淡一笑：“孟海兄不必多虑，我请你来，并非让你插足政治，只希望你能替我搞些应酬文字，怎么样？老同学肯屈就帮忙吗？”

“布雷兄，你这里是机要重地，我来恐怕不行。”

陈布雷知道沙孟海会提到这个问题，笑笑说：“十年前为令弟之事，我说了训慈几句，无非是因为训慈这个人喜欢自作主张，对老兄你我深信不疑，书生意气，不问世事。怎么样？就这么决定了吧。”

在侍从室，沙孟海待遇相当高，且多空闲时间。这样，他又可以钻研他的书法、篆刻，旁及文字、考古、古代史，更加渊博贯通。作为蒋介石的“文学侍从”，他虽居要津，但平时深居简出，与权贵不相往来。他的四弟沙文威有一次问他：“最近行政院长张群说了些什么？”沙孟海竟瞠目无以对，无奈地说：“张群是干什么的？我不认识他！”这使沙文威大失所望。

不知道张群，这并不妨碍沙孟海被蒋介石看中，撰修《武岭蒋氏家谱》。事后看来，这本家谱，可谓是冯君木门下一对高徒的合力之作。

1948年11月上旬的一天，《武岭蒋氏家谱》届成。沙孟海得悉陈布雷身体不适，特地到湖南路寓所去看望。室内光线昏暗，陈布雷脸色憔悴，讲话也显得有气无力。“布雷兄，你怎么成了这个样子？身体要保重啊，凡事想得开一些。”沙孟海有点吃惊，陈布雷怎么像个久病之人。“没什么，文若，近来神经衰弱，累月不痊，我怕是不行了。”“布雷兄，你身体不好，就请长假，不必再忧虑国事了。”沙孟海环顾四周问：“嫂夫人呢，怎么没见她？”“哦，她到上海参加我外甥女的婚礼去了。”陈布雷神思恍惚，长叹一声：“孟海，你我同门，又共事多年，想当初在老师君木先生门下，纵论天下，谈笑风生，如今我日薄西山，气息奄奄，你也华发初生，往事如烟，不堪回首啊。”“是呀，老了。”沙孟海也坦率地说：“布雷兄，我真有点弄不明白，抗战胜利时形势似火，不过三年，江河日下，怎么会这样？”

陈布雷又叹了一口气说：“一言难尽。二十多年前，我堂兄屺怀将我介绍给蒋先生，我开始不愿去。你是了解我的，我只想搞新闻事业，或者搞教育，从政非我所愿，我是走错了路，搞政治非我所愿啊！”陈布雷很诚挚地说：“孟海，我也对不起你，把你也拉到官场来，幸亏还好，你只搞些庆吊文字，修修家谱。”沙孟海也有点动情了：“布雷兄，我正想跟你说呢，我想修谱事毕，回家卖字为生算了，内人已去了宁波，我是干不来官场这一套公务的。”这时，陈布雷已一声不响，如入梦中了。

“布雷兄，多多保重，我告辞了。”沙孟海告别陈布雷没几天，11 月 13 日，突然听到陈布雷“心脏病突发身亡”的消息。冯君木早年告诫这位得意弟子和后来的妻舅，“如果奔走政治，用不了数年必将过劳而早夭，努力学问，才是正途”。终于一语成谶。

依陈布雷遗愿，他曾建议讣告写成：“从八月以后，患神经极度衰弱症，白天亦常服安眠药，卒因服药过量，不救而逝。”虽未明言“自杀”，但沙孟海早就意识到这是自绝，并非病故，他不得不考虑自己的前途了。

1948年11月14日，国民党机关报《中央日报》第二版发布新闻：“陈布雷氏昨日心脏病逝世，总统夫妇亲往吊唁，明大殓”，将死因归结为心脏病。后因程沧波、邵力子等力主公布真相，11月18日，《中央日报》更正了说法，称陈布雷的死因为“系服安眠药过量”。翌日，《申报》刊载了署名为“沙文若”的《陈公布雷行状》。1949年1月出版的第二卷第一号《国史馆馆刊》，发表沙孟海撰写的《陈布雷传》。不过，沙孟海在《陈公布雷行状》中，没有提及陈的死亡原因，只是在《陈布雷传》中，根据官方公布的陈布雷日记及书信等，写了他自杀的真相。

九、摆脱国民党

沙孟海在修《武岭蒋氏家谱》时，几次过宁波。早曾托友在城区代觅房屋，准备修谱完毕退出南京，息影家乡，过教书卖字生活。

1948年初冬，沙孟海就先遣家人回宁波，赁居江东彩虹桥。他独居南京，准备找机会回乡。不多久，机会果然来了。首先是行政院改组，朱家骅辞去教育部长，沙孟海得以照例去职。再一个月，蒋介石宣布下野，李宗仁代理总统，就职之后，第一次内部集会通知，原有本府人员愿留者留，愿疏散者疏散。沙孟海便乘此机会打报告自请疏散。

李宗仁上台后，一面主张与中共和谈，一面布置以广州为行都。在京各机关纷纷向南搬动。沙孟海离京前向朱家骅辞行。朱家骅虽然交卸教育部，但还担任中央研究院院长。那天他对沙孟海说：“你原是中山大学的人，当年我带你出来，现在送你回中山大学好不好？”

沙孟海说：“离家太远，照顾不到家庭，不想去。”朱家骅说：“那么留在上海。中央研究院有几个研究所在上海，还有上海办事处，我请你当秘书，留上海工作。”沙孟海表示：“回到老家过春节再说罢。”即晚，朱家骅派人送聘书来。沙孟海感到退回去容易引起怀疑，只得收下。

1949年春节前夕，沙孟海备了酒肴，约了三弟媳陈修良、四弟重叔（已改名为史永）、族侄伯南在南京四条巷树德里总统府宿舍内吃“年夜饭”。阔别多年的三弟媳陈修良已是中共南京市委书记，重叔也是中共南京地下党负责人，他们是冒着危险来与大哥商量去留问题的。这餐饭，旧俗叫“送年”，送走了戊子年，在当时人民解放战争已取得决定性胜利的形势下，还有送走“蒋家王朝”的意义。

春节过后，沙孟海便离开南京转沪回乡。离京之晚，陈修良和沙孟海次子茂世皆来住处，在他们的陪同下，乘总统府的汽车进入总统府内的办公室，最后一次清理文件后，同往下关火车站乘夜班火车赴沪。次晨到巨鹿路文汉寓所，沙文汉当时担任中共中央上海局宣传部长。

沙孟海住了一个晚上就回宁波。包稚颐已带两个小孩先返沙村老家过春节。沙孟海随即赶回沙村。乘着在老家过年，沙孟海为故乡黄公岭二弟文求衣冠墓书写墓碑，并撰写墓联。因当时浙江还未解放，故墓碑以二弟文求夫妇两人的“字”题为“沙君仲已暨配王夫人季远墓”，联句隐讳曰“苍天不可问，去者日以疏”，并特以篆体书之。沙文汉读后夜不能眠，为表达对二哥沙文求的深切怀念和把他未竟事业进行到底的决心，续补六句以为一律：“苍天不可问，去者日以疏；白骨今焉在，英魂倘此居。宿仇恨未雪，国贼誓当除；吾志仍如昔，兄其得慰诸。”

在老家住了十多天后，沙孟海偕妇幼进城。此时蒋介石尚在溪口，他因新修宗谱本子太大，不便翻阅，想嘱沙孟海另编一本简谱，只收载他直系一支，小型本子，便于翻检。但不知沙孟海去处，估计可能在上海，侍从人员打电话给上海市警察局长，从户籍中找沙孟海地址。终因宁波距溪口太近，不多久被他们探悉了。溪口车辆接送客人经常到宁波，于是蒋介石又派人来接沙孟海。沙孟海前后几次应召到溪口。所谈除小谱外，蒋介石还探问乡先辈全谢山（祖望）的遗迹及其他地方掌故，还要他陪同参观宁波天一阁。有一次午餐席上蒋介石嘱沙孟海重修《奉化县志》，沙孟海以非奉化籍辞谢。蒋介石说：“前届《奉化县志》是张让三主修的，他也是鄞县人。”硬要沙孟海草拟体例。沙孟海费几天时间写成计划送去后，还听说蒋介石将给职务，心中有些发急，对他说：“南京退出时，朱家骅送我中央研究院聘书，我现在无工资收入，想赴沪报到，在沪编辑小本家谱，就近交中华书局付印。”蒋介石首肯。与此同时，三弟文汉在沪也为沙孟海担心，不便写信，特嘱在石油公司工作的沙孟海长子展世请假来甬，催沙孟海赴沪。展世早晨到，沙孟海即日下午下轮船便行。次晨到上海岳阳路中央研究院办事处报到。办事处主任待沙孟海很客气，谓：“朱先生已赴广州，你的工作待朱先生安排。” 沙孟海告以目前蒋介石有谱事交办，就在这里做些谱事。沙孟海住入一所日本式小楼房，一面着手进行小谱的编辑，并与中华书局印刷所联系先印几页样张，一面趁此机会，自己研究古文字学中的“转注”问题。

1941年，中英庚款董事会成立十周年纪念时曾拟派职位较高的四人去英国参观访问，其中就有沙孟海。他自忖不懂英文会话，力辞此行，但分配在他名下的差旅费已存入银行。后已迁往广州的庚款会提到此事，经研究后特来函通知沙孟海去香港领取此款（九百英镑）。该会友人代沙孟海计划，到港后即使不工作，两夫妇两个孩子的小家庭也能过五年，故怂恿沙孟海去。但沙孟海早已决定不随政府南迁，决心放弃，毫不动摇，以身体不适宜远行为由婉言谢绝。

沙孟海经常来往南京和宁波，经过上海，有时住巨鹿路，有时住襄阳南路冯都良家。都良任《申报》馆国际新闻主编，他和弟弟冯宾府都是沙孟海多年旧好，对沙家兄弟从事共产主义运动也一直知道，而且也有往来。研究院办事处在岳阳路，距都良家极近，沙孟海时时过访之。有一次傍晚回院，事务人员告他，刚才上海市长陈良派人来，说蒋介石请你明晨乘便机飞溪口，嘱他回院即打电话与他们具体联系。沙孟海闻后当即离院，再到都良家，谈到夜深始返。次晨无消息，估计飞机起飞时间已过，暂时不会有事，但总觉得问题并未解决。

当时沙孟海交游中好多人各自考虑去广州或留沪杭的问题。

在中央研究院碰到竺可桢、陈训慈，他们皆表示留下来。院方为沙孟海联系赴广州的交通工具，他托词头晕病复发，乘飞机轮船都不适宜，且慢再说。形势急转直下，过了一段时间，沙孟海就向中央研究院递病假信，要求离院休养。经院方同意后，沙孟海即日独自雇三轮车迁住巨鹿路文汉寓所，也不将地址告知院方。沙孟海与中央研究院关系亦即与国民党、蒋介石关系到此为止，结束了他二十多年的从政生涯。蒋氏族谱虽已由中华书局印刷所排印几页样本，到此也就不了了之。

住入巨鹿路后，百无窒碍，小窗多明，沙孟海继续研究“转注”问题，最后写出《转注说》一篇。沙文汉当时在中共中央上海局任职，工作紧张，不住家中，有时偶然来一转。沙孟海日常唯与冯都良、宾符兄弟、王个簃、包毅等极少数人来往，等候解放。

5月27日，上海解放，沙孟海与三弟文汉以及长子展世、次子茂世等四人一起去马路上观看，但见到处有解放军在马路上睡觉。他们连日作战，借此休息，严守纪律，不入人家。

享受着解放后喜悦的沙孟海明白，一个全新的世界诞生了。

第三部分　新时代：堂堂大人相

一、浙江大学中文系教授

1949年，沙孟海经三十年代印友韩登安介绍加入了他的老师吴昌硕曾经任第一任社长的天下第一名社西泠印社。在等待解放时，刻了一方白文印“四十九年无是处”，算是对前半生的总结。边款云：“四十九年无是处回风堂诗也，江南解放，余政（正）五十，用商代鹿头刻辞体势自制此印。”

这年八月，沙孟海经前浙江大学校长邵裴子[1]介绍任浙江大学中国文学系教授。当时浙大名师辈出，校长为马寅初，教务长为苏步青，文学院长为孟宪承，中文系主任为郑奠。沙孟海担任中国文学系及人类学系的古典文学、金石学、古器物学课程，与陆维钊[2]、胡士莹[3]、夏承焘[4]共事。这几位均学问渊博，或是诗词大家，或是书画名家，可谓一时瑜亮。邵裴子、陆维钊两人在

① 邵裴子（1884—1968），浙江杭州人。1930年7月至1931年11月任国立浙江大学校长。

② 陆维钊（1899—1980），浙江平湖新仓人，原名子平，字微昭，晚署劭，现代教育家，著名书画、篆刻家、学者和诗人。晚年独创非篆非隶亦篆亦隶之新体——现代“螺扁”，人称陆维钊体。

③ 胡士莹（1901—1979），浙江平湖人，研究范围主要为说唱文学、戏曲、小说三个方面。

④ 夏承焘（1900—1986），浙江温州人，字瞿禅，现代词学开拓者和奠基人。

日后与沙孟海更是过往甚密。

沙孟海在浙大的讲课内容，根据现存于浙江省博物馆的一部分讲稿可以看出，大抵有：中国古器物学讲稿（铜器篇、甲骨篇、石刻篇）、石鼓讲稿、秦始皇刻石讲稿、西汉刻石讲稿、文字学讲稿等。

但是一个知识分子，在新生的中国，还需要更多地参与政治，一起改造这个社会，同时改造自己的内心。1950年年底和1951年年初，应中共浙江省委的建议，浙大中文系师生便去正在进行土改的嘉兴地区体验农民疾苦，了解阶级斗争。沙孟海随浙江大学中文系老师郑石君[①]、夏承焘及学生计十五人往嘉兴王店区真西乡参加土地改革运动。

轰轰烈烈的土改运动并不触及他们自身，相对而言是一群旁观者，但由于沙孟海的日记《决明馆日录》较为详细地记载了这次活动，无意之中成了这场运动的见证者，提供了一个别致的观察视角，同时日记的文本价值具有了类似《江村经济》的意义。

《决明馆日录·土地改革篇》（下称“日录”）从1950年12月28日赴嘉兴之日起，止于1951年1月12日返回浙江大学时，共计16日日记，对中华人民共和国成立初期浙西地区的土改实况有全面的反映。

沙孟海“日录”首篇记载了浙江大学中文系赴嘉兴参观土改的师生名单，教师有郑奠，系主任，由他率队；有夏承焘（瞿禅）、徐震堮（声越）、蒋祖怡、王荣初等。学生9人，除一人

① 即郑奠（1896—1968），浙江诸暨人，字石君，又字介石。主要从事古汉语和现代汉语的语法、修辞研究。

为四年级学生外，其余8人均为1950年入学的一年级学生。

以此为始，“日录”逐日记载了沙孟海等师生在嘉兴的活动，从而反映了土改任务、方式、阶段、政策，以及对土改干部的生活规定和纪律要求，等等。

沙孟海他们参观土改的地区为浙江嘉兴县王店区真西乡及附近之邵桥、庄清二乡。师生有时集中，有时分散，均根据工作需要而变动。土改的任务有二：“一曰发动群众，提高农民之阶级觉悟；二曰镇压反革命分子，彻底摧毁农村中反革命势力。”土改的进程分四个阶段：“一曰宣传动员，二曰划分阶级，三曰分配土地，四曰庆祝胜利。”土改方式有：“一曰联合平推，即三乡同时进行，此必干部人多乃可行；二曰重点带外围，指定一乡为重点，其余二乡为外围，以重点乡示范，获得经验带至外围乡；三曰干部轮流学习，以一乡或二乡为单位，彼此轮流学习。”

中共华东局规定了土改干部的八项纪律，具体内容沙孟海“日录”没有写。夏承焘《天风阁学词日记》中有在皖北参加土改的记录，其中也提及浙大文学院师生赴安徽五河参加土改出发前夕，曾订立公约七项，其中第二项是“严格遵守土改干部八项纪律”（1951年10月6日）。至于土改干部的生活安排，沙孟海“日录”也有记载，如伙食标准，“出差干部膳费有定例，粗粝青菜，每日一粥二饭，依米价、菜价折算”，大约“每人每日三千金左右”。三千金乃指旧人民币，折算为新人民币乃三角钱。至于在“民家具食者，亦视此例”。因为每村土改干部仅一二人，不便单独起伙，乃在农民家吃“派饭”，则将三千元全部交给代伙之农家。浙江大学中文系师生在此地参加土改，“亦仿行之”。

土改中一些政策界限，“日录”中也有详细记载，如地主分为五类，处理办法也不相同：“恶霸地主，逮捕法办；非恶霸地主，但有破坏行为者，亦予逮捕，分别情节惩办；一般地主，开展面对面的斗争，使其低头；守法地主，自动交出田地、契约及应该没收之财产者，予以宽大；开明地主，团结他们。”沙孟海还在“日录”中特地说明“此为报纸所不载，故记之”。在实际工作中，也确实按照这一政策执行，如“庄清乡有恶霸地主曰曹锦丰，吃农民之鸡一千只，去年已枪决。今日午前斗争另一恶霸地主曹洪山，斗毕解送法院”；“地主中有王姓者，蓄田千三百余亩，其宅即今作乡公所者，此人宽厚，故村民不与为难”。而在与地主斗争的过程中，重要的工作就在于发动群众，向群众讲清政策，掌握火候，沙孟海记录了土改干部的工作经验，说“掌握政策颇不易，农民向来畏地主恶霸，如发动不够，则开会时噤不发言；如发动太过，则群情愤激，难免乱打”，这全在于干部如何掌握分寸。

“日录”中还记载了区别地主与富农的界限，最主要的一条是“有无主要劳动”，这是划分阶级成分工作中十分重要的一条。为对待地主与富农的政策不同，涉及没收与征收的区别，也涉及能够分配给贫雇农的土地多寡。因此必须十分细致地加以区别，不能以感情代替政策。“日录”中还举出具体例证：“有一人游手好闲，不洽舆情，但其子自耕，有主要劳动，村人有指为地主者，最后议定仍为富农。”

关于没收与征收的政策界限，也是土改成败的重要关键之一，“日录”中记载：以没收而言，有“六要五不要”的规定：“一要土地”，“二要耕畜、牛棚、牛草”，“三要农具”，“四要多余粮食”，“五要多余之房屋”，“六要田契”；五不要为“一不要掘地财”，“二不要乱骂乱捉乱罚乱杀”，“三不要扫地出门”，“四不要动农村中的工商业”，“五不要六要以外的东西”。

至于征收的范围以及留给地主的口粮及住房数量，“日录”显示：在没收、征收之后，要计算出可以分配的土地，统计出应该分得土地的人口，除必要留下的少量土地外，全部分配给应得土地的农民。以庄清乡为例，“平均每人三亩八分六厘”土地，因“须留若干亩，照顾鳏寡孤独，今定每人授田三亩五分”，“各乡大抵如此数”，唯“镇西乡则有四亩二分”地。

土地分配后要公布，让农民知晓。分配工作完成后就是开庆功会。一期土改也就结束。

“日录”真实地反映了中华人民共和国成立初期浙西地区土改的进程及政策界限，以及农民分得土地的数量，是一份极为珍贵的第一手资料。

沙孟海在土改期间的日记，以小楷书写，点画精到、笔力遒劲，记下了当时的气候变化、土改政策、风土人情等。但他的内心也许是非常复杂的。

沙孟海对土地改革拥护是无疑的。他在日记中写道：“土地私有制度有史以来已有之，贫富异等，贵贱悬隔，往昔有识之士亦深以为非者，皆洞察民瘼，语重心长，大抵补徧救弊，仅为修正之论而已，刘师培在光绪季年著《悲佃篇》，主张彻底废除田主制度，并提倡农人革命，实有先见之明，不可以人废言。其结论曰必尽破贵贱之级，没富豪之田，以土地为国民所共有，斯能真合于至公。……今日之革命乃是连根带叶，全盘翻动数千年世界历史之大转折，非仅一国一时之事也。毛主席尝言文武周孔以来，直至孙中山所未做之事，是何快耶。”

当年沙孟海为蒋家修谱时，经常被蒋介石召见，有人对他说：“你到了飞黄腾达，走运的时候了。老头子这样器重你，你赶快向他提要求，搞个一官半职，机不可失呀！”当时沙孟海听了这些话，只是淡淡一笑。沙孟海对高官厚禄，附炎趋势，黑暗丑恶的国民党官场，是十分厌恶的，更不会去染指。何况沙孟海一家四个弟弟都是中共党员，沙孟海的真正命运是和他的弟弟们联系在一起的。到了中华人民共和国成立，沙孟海的两个弟弟成了革命功臣，身居高位，虽非党员的他可谓对弟弟们的革命事业襄助极多，但他依然没有一丁点居功自傲，想着另外两个在革命未成功时就已献出年轻生命的弟弟，内心多少是有些诚惶诚恐的。

沙孟海在浙大的任教生涯非常短暂，留给世人就是一个写土改日记的背影。嘉兴回来没多久，他就调往浙江省文物管理委员会任职。

二、领导全省考古调查工作

1952年2月，沙孟海参加全国高等院校院系调整的学习。3月份，就被调往浙江省文物管理委员会任常务委员（主任委员为邵

50年代初的沙孟海和三弟沙文汉（左）及三弟媳陈修良（右）

裴子，副主任委员为郦承铨[①]），兼调查组长，领导全省的考古调查工作。

其实早在三年前，沙孟海曾先后两次致函浙江省教育厅谈关于文物管理事宜，借着浙江大学这次院系调整，调任浙江省文管委，也是自得其所。

一到省文管委，沙孟海就感到调查组缺少考古工作方面的干部，于是计划从培养青年干部入手。后来在他的领导下，队伍不断壮大，逐步建立一支能胜任田野调查和挖掘的考古队伍，为开展浙江的考古事业奠定了基础。

因为文管会工作，沙孟海第一次去了北京。

中央重视太平天国史料，1953年4月特将全国所有太平天国

① 郦承铨（1904—1967），江苏南京人，字衡叔、衡三，号愿堂，别署无愿居士。著名诗人、学者、书画家。

史料及研究太平天国历史的学者集中北京，拟做有计划的研究。沙孟海作为省文管会常务委员遂受命去京办理浙江运京的太平天国资料的点交工作，前后历时一月有余。

沙孟海途经上海，晤上海文管会徐森玉、汪东以及吕贞白、徐平羽、郭若愚等，参观了上海博物馆。到京后向中央文化部文化事业管理局报到，晤郑振铎局长，裴文中、张葱玉处长等。

在京期间沙孟海晤王冶秋、曹禺夫妇、周建人、冯定、胡愈之兄弟。在科学院考古所晤夏鼐、郭子衡、陈梦家及语言所晤郑石君，至历史博物馆看韩寿萱馆长，至故宫博物院看唐立厂院长。还见到了三弟沙文汉（时在外交部学习，准备出使印度尼西亚）及三弟媳陈修良（来京参加全国妇代会）。

沙孟海还偕三弟和三子更世至东受禄街看望徐悲鸿、廖静文夫妇。

在北京文教会文物组，沙孟海晤自广州别后二十四年未见（中间曾通信札）的容肇祖，闻其正在筹划首都博物馆。同天由胡仲持陪同至大羊宜宾胡同看章乃器。

沙孟海自北京返回时，至南京见四弟文威及四弟媳菊影，又至南京大学晤胡小石（光炜），至南京博物院晤曾昭燏。回杭前经镇江、扬州参观扬州博物馆。

沙孟海第一次去北京一路遇到了这么多故旧友人，其愉快的心情可想而知。

1954年，沙孟海兼任浙江省博物馆历史部主任，仍在省文物管理委员会工作。与南京博物院院长曾昭燏及蒋瓒初商讨制定浙江历史文物陈列方案。展出后，文化部认为可作为省一级地志性博物馆的典范。

1956年，沙孟海参与浙江省历史学会筹备工作，为筹备委员会委员。

这年，经省文物管理委员会决定，由沙孟海经手与吴湖帆联系，并请徐森玉、谢稚柳共同鉴定，收购其家藏元代黄公望《富春山居图》残卷[①]。素有“画中兰亭”之称的《富春山居图》为国际上知名的杰作，为世所珍，曾被明代著名书画家沈周、董其昌收藏。后来几经辗转，在明万历年间为宜兴收藏家吴之矩所藏。吴之矩死后传给其子吴洪裕。吴洪裕极为喜爱，临死前，要求其子焚烧此画以作陪葬。不过就在吴洪裕撒手西归的瞬间，此画被从火炉中迅速取出，可惜火势太猛，已断为前后两部分。一段存台北故宫博物院（后段），即《无用师卷》，另一段（前段）即全长51厘米的《剩山图》，从吴湖帆处所收购者。

《富春山居图》，不仅有自身的艺术价值，在目前两岸关系的背景下更被赋予了特定的政治含义，但在当年沙孟海看来，收购一幅名画并不是什么大事。直至“文革”爆发之前，他于浙江考古和文物工作最为得意的两件事，均没提到收购《剩山图》一事。沙孟海认为他一生中所做的两件好事，一件是清代王梓材所编《世本集览》，该书稿四十八卷六册，颇具历史价值，系收藏者经沙孟海介绍捐献文物管理委员会，现已由浙江省博物馆重新精心装订成十八册。另一件事是建议收藏万斯同的《明史稿》。

① 目前是浙江省博物馆的镇馆之宝。

沙孟海是书法家，是学者，考古工作虽非科班出身，但他投身浙江考古和文物调查的十几年，可谓尽心尽力，成果斐然。沙孟海负责编写了《浙江省考古研究工作十二年远景规划草案》，多次参加全省性的文物普查和多个遗址挖掘，利用个人人际关系实现丰富的捐赠，著有包括《浙江省新石器时代文物图录》《浙东石刻调查》等多种文字。可谓为浙江考古事业在战略、人才、方法、著述、收藏等多个方面，奠定了坚实的基础，也成就了他作为文物考古学术研究方面极具开创性的大学者的地位。

三、龙游路15号

中华人民共和国成立伊始，沙孟海到浙大任职，先居于劳动路6号浙江新村，次年迁居至平湖秋月附近浙江大学教员宿舍“哈同花园”（罗苑）——即今湖天一碧“西泠书画院”所在地。

据现沙孟海旧居的碑文介绍，1952年沙孟海先生迁居至龙游路15号。另据《沙孟海先生年谱记载》：1954年，“因省文物管理委员会迁至电政街六号（后改为环城西路二十号）办公，先生遂自浙大宿舍哈同花园（罗苑）迁居龙游路十二号（后改为十五号）居住”。

龙游路是条二三百米长的短巷，现在以“武林路女装一条街”的支路为人所知，以坐拥奥斯卡电影大世界和人气旺盛的白鹿饭店闻名。路口一座二层建筑，便曾经是“沙孟海的家”。相距几十米开外便是沙孟海的单位省文管会，往西去则是六公园、西湖。沙孟海曾自作诗词“春缕如丝织锦华，龙游居子一梦暇”，夸赞自己喜欢的龙游路居所。

龙游路15号原为私人宅邸，主体建筑是一幢二层青砖小洋楼，大门是石库门式样，穿过甬道和花园，为一砖柱凸形门楼，下为廊，上为房。楼内木地板、木楼梯、木门木窗质量上乘，高耸的壁炉烟囱和青砖实叠洋瓦显现出西式洋房的特质。

沙孟海迁居龙游路15号后，看见围篱内榴花照眼，不禁回想起曾经赁居的上海戈登路寓所，庭院中的榴树也正是开花时节。睹景生情，于是将戈登路居所的旧名用作西湖新寓的屋名，也是告诫自己，不要忘记那血雨腥风的岁月。他还篆刻“若榴花屋”印章一枚以志纪念，并作长款云：“丙寅夏，与二弟文求、四弟文威、徐伟、陈逸僧赁居上海戈登路七百十五号凡四旬。中庭榴树数本，正作花，余颜之曰‘若榴花屋’。弟辈五人时已委身革命事业，此屋曾为英帝国主义者搜索，幸未罹祻。后二三年，文求、伟先后遭本国统治者杀害，逸僧旋亦病卒。今新国肇建，追唯曩迹，已隔二十五年矣！小屋围篱，榴花照眼，宛然如昨日事。用旧名榜西湖新寓，亦不忘在莒意也。”

龙游路15号楼上楼下有14间房，每层中间是过道，两边各三间房，青砖外墙，松木地板。沙孟海住一楼，是一间几十平方米的通间。除了沙孟海，还住过不少著名的文化人。穿过60余年的烟云，又一个背影进入了我们的视野，沙孟海宁波老乡、吴昌硕门下同门、著名国画家——潘天寿。

潘天寿1923年任教于上海民国女子工校、上海美专，结识吴昌硕、王一亭、黄宾虹、吴茀之、朱屺瞻，画风向吴昌硕接近，由原先的恣肆挥洒向深邃蕴藉发展。作《秋华湿露》曾获吴昌硕赞许，并改“天授”为“天寿”。1926年，潘天寿与俞寄凡、潘伯鹰发起创办了上海新华艺术专科学校，出任教育系主任教授。直到1928年初春，应邀担任杭州国立艺术院中国画主任教授兼书画研究会指导教师。自此才结束长达5年多的上海生活，此后一直定居杭州。

沙孟海、潘天寿均和吴昌硕有师生之谊，但又没有王一亭等那么正式和紧密。可以确认的是两人有几年同在上海，但并没有查到他们有公开的交往。机缘巧合，新中国诞生后不久，两人住在了同一个屋檐之下，不久又将为美院同事。

潘天寿住在龙游路15号的时间不长，不久他搬到了南山路景云村1号，房子也是青砖建筑，外观质朴、厚重，既有传统特色，又有鲜明现代感。

入住景云村1号没几年，潘天寿改革当时的浙江美院学科，被聘为苏联艺术科学院名誉院士，出任美院院长，并当选为浙江美协主席，一生名山事业尽显峥嵘。那几年的沙孟海还奔波在浙江的田间地头，为浙江考古事业殚精竭虑，他要十几年后方出任西泠印社社长，二十几年后才被选为浙江省书协主席。

沙孟海和潘天寿，浙江书画的一对双子星座，出生地相距仅70公里，命运印迹多有相似，各执当时书画牛耳，走的也是雄强一路。1961年10月，沙孟海为潘天寿制“雷婆头峰寿者”六字印，过了5年，两人的命运轨迹发生了巨变。

1966年春，“文化大革命”爆发，潘天寿被关进牛棚监禁达三年之久。这年8月，沙家第一次被抄家。相比之下，境况要好得多。

1967年，潘天寿被带到嵊县参加批斗大会。沙家第二次被抄家。

在所谓“清理阶级队伍”的指示下，各单位对以各种名义、各种方式揪出来的所谓“地富反坏右”、特务、叛徒、走资派、国民党残渣余孽……纷纷组织了“劳改队”进行隔离审查，不准回家，批斗劳动。浙江省博物馆亦如此。自1967年12月开始对沙孟海进行隔离审查，家人也多有罹祸。

沙孟海次子茂世1947年在南京中央大学读书时期，参加南京“反饥饿、反内战、反迫害”的“五二〇”学生运动，不久参加了党的外围组织“新青社”，曾被国民党当局列入“匪谍嫌疑分子”黑名单。1949年初入党后为南京（陈修良、史永）、上海（沙文汉）地下党之间传送情报。由于沙文汉、陈修良两人被错划为“右派”，沙孟海又是审查对象，故沙茂世在北京铁道研究院亦被打成“叛徒”，除拔草、制砖、烧窑进行监督劳动外，并组织了专案组进行审查。

1968年，浙江美院“打潘战役”达到高潮。沙孟海被解除隔离审查回家。沙孟海三女秣之在学习讨论中共八届十二中全会会议公报时提出对林彪不利以及一些感到不理解的看法，立即被打成“现行反革命分子”。她绝食抗争，并找领导讲理，几经折磨终致精神失常，被强扭送进了精神病医院。已调中国科学院物理研究所工作的二女频之，由于刻蜡版印刷歌曲时将“万寿无疆”的“万”字刻错，抄她的宿舍时又发现伟大领袖画像掉到了衣柜后面，被打成“现行反革命”，并认定她在1942年参加了国民党，迫她交待。

1969年初，潘天寿被押往家乡宁海县等地游斗，回杭州途中在一张香烟壳纸背面写下最后一首诗：“莫此笼絷狭，心如天地宽。是非在罗织，自古有沉冤。”4月，重病中被押往工厂劳动。由于心力衰竭引起昏迷，送医院抢救，此后即卧床不起。

1969年1月，沙孟海小女秼之病情稍有好转后，被送进五七干校进行监督劳动。5月，沙家第三次被抄，沙孟海再次被隔离审查、批判。

在这期间，1970年8月，潘天寿因得不到及时、认真的治疗，出现严重血尿。

1971年4月，沙孟海再次被解除隔离回家。根据单位领导指示，事后检查损失书籍文物，有历年《文物参考资料》和《文物》杂志，皆订购全套，现只留剩二十余册。抽屉中安放的二十多把刻印刀全部被拿走。平日不收藏文物，但日常需用及偶然有人赠送，或已捐献（如向文管会捐献碑帖一百多件，向西泠印社捐献徐悲鸿画马等），大多损失。失去的文物主要有：

一、吴昌硕彩色凤仙花整幅（未裱），上款题庚子年所作。

二、余绍宋墨笔《贞宋苦竹图》二尺方幅（未裱），上款是“沙母陈太夫人永念”。

三、冯君木送赠五言诗两首行书卷（未裱）。

四、陈玄婴（屺怀）赠序文一篇行书方格长卷（未裱）。

五、徐悲鸿所寄墨笔信札（件数记不起）。

六、李求实烈士所寄钢笔信札（彩色布纹笺三四页）。

七、毛泽东、刘少奇、朱德、周恩来等党和国家领导人在怀仁堂草坪与全国妇联代表合影后离席步行出场的照片一张（夫人包稚颐作为省妇联执委出席了这次代表大会）。

对沙孟海更为重要的是，他不得不把从20年代开始到“文革”前的几十年日记付之一炬。对于史料研究、书法艺术来说，这一炬的代价实在是太大了。

相比物品，沙孟海再次被解除隔离一个月后，潘天寿失去的是生命。1971年5月，潘天寿在听了向他宣读的“定案结论”（定案为“反动学术权威”，敌我矛盾）后，愤慨至极，又大量出血，再度被送往医院抢救。9月5日，天明前，潘天寿在冷寂黑暗中与世长辞。

1973年5月，浙江省文化局下发《关于沙孟海同志政治历史问题的审查批复》，内云：“主要政治历史问题，本人过去作过交代，经过‘文化大革命’中审查，未发现新的重大问题，经研究同意，撤销对沙孟海同志的审查。”这年，沙孟海为《潘天寿诗书画合卷跋》云：“宁海潘翁，今代艺苑巨擘，人之云亡，风流已渺。”

龙游路15号，南山路景云村1号，西湖边一南一北两幢青砖小楼，就这样见证着风雨如晦的岁月里两位大艺术家的命运。两幢小楼，先后为两位大家旧居（纪念馆），而潘天寿旧居匾额正是沙孟海所题。

1978年秋，沙孟海出席潘天寿艺术座谈会并发言云：经常听到人们说“书画同源”，看到潘老作品，更使人联想到书画关系的密切。……艺术史上艳称王摩诘“诗中有画，画中有诗”，这句话移用到潘老作品上固然很适宜，我认为还可以增加一句“书中有画，画中有书”。

沙孟海还特意作《忆阿寿》[①]一文回忆老友道：

潘先生对书法功夫很深，经常临读碑帖，兼长各体，包括文字组织结构不同的“字体”与后世艺术风格不同的某一家某一派的“书体”。甲骨文、石鼓文、秦篆、汉隶、章草、真书、行书，二三千年来各个不同的体制、流派，经过他的分析、赏会、提炼、吸收，应用到笔底来，无不沉雄飞动，自具风格。我最喜爱他的隶书、行书，境界很高。他自己平日题写，也用这两体居多。他的隶书，渊源于《秦诏版》《莱子侯》《褒斜道》《大三公山》《杨孟文》诸刻，融会变化。始则以奇取胜，终则以平取胜，也便是孙过庭“既能险绝，复归平正”的说法。他论画每称引药地和尚“不以平废奇，不以奇废平”这句话。我们欣赏他的隶书，要从平中求奇，奇中求平，才能得其真际。他的行草，对唐晋法帖有相当厚的基础。中年以后特别心爱黄石斋，但也不以黄石斋的成法自囿。运笔方圆并用，变化多姿。同时应用绘画上经营位置的技法来经营字幅。大小、疏密、斜正、错落，一任自然。犹如画面布局，烟云舒卷，扫尽旧时代“寻行数墨”的陋习。清代包慎伯批评苏东坡书法，“有烂漫之弊”，说他“任意出之”，“菁华内竭”（答熙载九问），那是门外之谈。东坡书

① 《忆阿寿》原载《新美术》1981年第一期，本书引用时仅为节选。

法最超越处就在于“烂漫”，就在于“任意”。传世苏字，如《黄州寒食帖》，烂漫之极，大家认为是苏书第一。陆放翁诗：“整整复斜斜，好如风际鸦。”放翁自己书法，已经有此意境。而潘先生从结体、行款的整幅布局，惨淡经营，成竹在胸，挥洒纵横，气势磅礴，富有节奏感，可说独步一时。潘先生写给一位学生论书法的信说：“孜孜于理法之所在，未必即书功之所在。”又说：“谚云，尽信书则不如无书。以此语推之，则尽信法则不如无法矣。”了解这个道理，才能赏会潘先生的书法。

潘先生在绘画方面留下理论著作较多，但对书法谈得较少。上面所引几句话，可以窥见一斑。他毕生致力于美术教育事业，培养出绘画界人才之多，大家都知道。他在1963年曾担任中国书法代表团副团长访问日本，同年他在他所负责的浙江美术学院中创造性地开设书法篆刻班，办过两期，因林彪、“四人帮”横行，没有办下去。去年学院招收研究生，内有书法篆刻五名，这在全国范围内还不曾有过。近年各省市先先后后成立书法组织相当多，听说全国文联现在正筹备全国性的书法组织。有关书法的活动，一天天多起来，可惜潘先生看不到了。书法是中国民族的精粹，数千年来在国内外，尤其对邻国日本影响极大。现在日本有千万人在研究中国书法，日本文科大学也有设置书法专业的。大家知道，日本书法是从中国传过去的，现在彼国学者还有很多人向慕我国历代书法遗迹。当年潘先生在书法教育方面所做出的努力，是有预见性的，是难能可贵的。

潘天寿地下有知，应感欣慰。

四、大雄宝殿

中华人民共和国刚成立时，沙孟海内心有点彷徨和无措。相比之下，三弟沙文汉肯定是欣喜和激动的。1949年5月，上海解放，沙文汉先调浙江省工作，作为全国政协委员参加第一届全国人民政治协商会议，并写下了《一九四九年十月一日天安门上作》：

昨夜雁声惊客梦，今朝寒气逼征裳。
少年廿载知华发，故国千秋喜晓光。
万巷欢呼震碧落，满城赤旗耀明阳。
匹夫自有兴亡责，羸马不辞效战场。

得意之情溢于言表。

1950年，沙文汉作为中共中央华东局台湾工作委员会副书记路过广州时专程到红花岗追念他一生都十分敬仰的二哥沙文求烈士，又作诗《清明过广州红花岗二兄殉难处》：

漠漠荒郊迷野草，凄凄暮雨掠寒飔。
乱坟何处觅亲骨，壮气千秋凌汉霄。

南国狼烟碧血尽，中原明月梦魂遥。

此来已是廿年后，遗志虽伸恨未消。

1951年，沙文汉任浙江省人民政府副主席，后兼教育厅厅长、浙江大学校长。党内则任浙江省委常委、统战部部长。

1955年1月，沙文汉经第一届浙江省人民代表大会第二次会议选举为浙江省省长，党内职务仍为省委常委、统战部部长，成为沙氏五杰中在新政府担任职务最高者。其妻陈修良调任浙江省委宣传部副部长，后任代部长。

是年，杭州灵隐寺重建大雄宝殿正殿。

灵隐寺地处西湖以西，背靠北高峰，面朝飞来峰。两峰挟峙，林木耸秀，深山古寺，云烟万状。灵隐寺始建于东晋咸和元年（326），至南朝梁武帝赐田并扩建，其规模已有可观。唐大历六年（771），曾做过全面修葺，香火旺盛。唐末历“会昌法难”，五代吴越王钱镠重建，僧众一度多达三千余人。南宋建都杭州，高宗与孝宗常幸驾灵隐，宋宁宗嘉定年间，灵隐寺被誉为江南禅宗“五山”之一。至清朝时期，灵隐寺因其规模之宏伟跃居“东南之冠”。

大雄宝殿，原称觉皇殿，单层三叠重檐，长约17米，重檐高33.6米。大殿正中是一座高24.8米的释迦牟尼莲花坐像，造像“妙相庄严”“气韵生动”，是中国最高大的香樟木坐式佛像之一，是一件不可多得的宗教艺术作品。1949年，大雄宝殿正梁因白蚁蛀空倒塌时，释迦牟尼佛像被毁。1953年重修寺宇时，由中国浙江美术学院的雕塑家和民间艺人们采用唐代禅宗佛像为蓝本共同重新精心设计，新佛像比原先的释迦造像高一倍多，用近百块香樟木雕成。

从上述灵隐寺历史中可以看出，自建寺以来，历代当政者均非常重视，改朝换代时常有大修之举，而每一次大修也超过前朝。20世纪50年代的这次修缮，是因大雄宝殿已被毁，实属不得已而为之。但既修之，必须有更新的气象。故佛像落成后，正面匾额——相当于一个大殿和一座古刹的脸面，就急需一个宿儒名家来题写。由于殿额极大，起初估计无人能题此大字。有人提议从李邕、柳公权碑帖中检集四个字放大应用，由于技术不够高明，加上倍数过大，放出来不成样子。最后由著名书法家、省图书馆馆长、浙江书法界泰斗张阆声（宗祥）先生推荐沙孟海书写并函云：“北海字放大，仍无神，较柳字尤不能用。前见宝善堂三字甚佳，此额恐非阁下莫属，请一挥以壮观瞻，如何？”

沙孟海善书擘窠大字当时已闻名于世。不为人知的是，早在1928年，沙孟海就曾为杭州著名景点题匾。杭州西湖上有个孤山，原是南宋的行宫旧址，辛亥革命后才辟为公园，但一直无名称。当

中山公园

时，身为杭州市市长的陈屺怀决定命名为“中山公园”[①]，他知道沙孟海在沪甬一带书法已很有名气，遂命其题写匾额“中山公园”四个隶书大字，因当时年轻未署名，但在文坛有口皆碑。

因此，请沙孟海题写杭州灵隐寺大雄宝殿，可谓实至名归。由于匾额尺寸大，沙孟海用三支楂笔扎起来，铺纸地面，移步俯写完成，落款为“沙文若”。“大雄宝殿”四字，气吞山河，力贯苍穹，其刚劲有力的笔画和极尽完美的结构令世人折倒。后来，沙孟海自谓：“我写此匾，如牛耕田也。”

重写杭州灵隐寺“大雄宝殿”额，下为“反右派”时署名被铲除的匾额

孰料，风云突变。1957年10月，沙文汉被错划成“右派”，与杨思一（省委常委、副省长）、彭瑞林（省委常委、省检察长）、孙章录（省委委员、财贸部长）一起被开除党籍、撤销党内外一切职务，并定性为“反党集团”。作为全国

① 匾额在“文化大革命”中被砸，现在的“中山公园”四字匾额则为1981年杭州市园文局请沙孟海重写。

"反右派"运动中处理党内"右派"分子的重大典型事例，《人民日报》发表社论《一次收获巨大的省党代表大会》，广为宣传，引起了海内外的震惊。

1958年1月，在浙江省第一届人民代表大会第六次会议上，沙文汉被正式免去省长职务，并被撤销全国人大代表资格。3月，沙文汉之妻陈修良（时任浙江省委宣传部代部长）也被错划为"右派"分子，开除党籍，撤销党内外一切职务，被勒令至嘉兴曹庄公社"劳动改造"。

经中央批准，沙文汉被安排为省政协常委，住宅亦由葛岭山麓十七号省委负责人宿舍迁居保俶路宝石新村民居，由二弟文求遗孀王弥照料其生活。虽然还有省政协常委之政治身份，实际上却被剥夺了工作的权利，但他赤子之心未泯，在随后几年，写了国民党宁波清党情况和1937年上海建党史料，也编过地方志的篇目。沙文汉想研究党史和编地方志，但是都没有被允许，他渴望为党为人民再做一点贡献，最后只好去研究历史——中国的奴隶社会，想弄清中国社会发展的特点。他给亲人写信说：唐人有诗云"春蚕到死丝方尽"，这句话可以代表我今日的心情。沙文汉起早落夜阅读了大量古籍和文献史料，以及甲骨文、金文等，做了大量笔记。一盏孤灯，一间陋室，一身病躯，一把蒲扇，一盆炭火，春、夏、秋、冬，一千多个日日夜夜，终于写出了《中国奴隶制度的探讨》一书，约八万多字，在1963年七一前夕，送到省委统战部，作为给党的生日的献礼。

沙文汉被打倒了，他的兄长沙孟海题写的灵隐寺大雄宝殿匾额也不能继续存在了。一个旗帜鲜明的决定很快做出：把沙文若（沙孟海字文若）三字从匾额上抹去！于是，在“整修内部，暂停参观”之后，万千游人面对的已是一块没有题款的“大雄宝殿”匾。

沙孟海题写“大雄宝殿”与时任浙江省省长的三弟沙文汉并无必然关联，但因为这个三弟，“大雄宝殿”下的落款“沙文若”三个字被铲除了。

随后，变本加厉的事情发生了。1966年6月，“文革”开始后，红卫兵小将将灵隐寺的菩萨也作为攻击的目标。幸亏当时周恩来以中共中央、国务院的名义给浙江省委发了电报，指示“暂将灵隐寺封闭，留待运动后期处理”。

一直到1970年，灵隐寺仍在继续封闭之中。这时，一件看上去与灵隐寺和沙氏兄弟风牛马不相及的事情发生了，牵出了“大雄宝殿”匾额落款一事。

1970年3月，柬埔寨首相兼国防大臣朗诺将军和副首相施里玛达殿下趁西哈努克①在北京国事访问期间发动政变，西哈努克被迫流亡中国。

流亡在中国的柬埔寨前元首，在周恩来陪同下访问杭州，游了湖看了戏之后，突然提出要前往杭州灵隐寺进香。作为一个虔诚的佛教徒，他提出这个要求不高。但问题来了，当时“文化大革命”正越演越烈，灵隐寺根据总理之命已经封了。很快，这个请求放到了周恩来的面前，他几经权衡，决定开放灵隐寺。

西哈努克如愿以偿，可谁也不会想到，流亡亲王在进入大殿

① 诺罗敦·西哈努克（1922—2012），柬埔寨王国前国王、柬埔寨国父。

前会盯着“大雄宝殿”四个字问陪同参观的中方官员：“这几个字是谁写的？为什么没有题款？”中国官员吃了一惊，他没有估计到西哈努克会有这样的汉学功底。他看了看周恩来，惴惴地告诉亲王：“这字是古代传下来的，已经不知何人书写了。”西哈努克不再声响，似乎已经接受了“无名氏作”的观点。

但周恩来却接受不了，他知道这块匾额的书写者并非古人而是沙孟海，那个为党提供了许多重要情报的沙文威的大哥沙孟海，同时也是大“右派”沙文汉的大哥。他找来了当时的浙江省革委会负责人，说道：“沙文汉是沙文汉，沙文若是沙文若嘛！怎么能够因为沙文汉是右派，连沙文若的名字也抹去呢？不能搞株连。这不是党的政策！”

周恩来的指示得到了贯彻。浙江当局很快派人找到沙孟海，要他去补一个名字。按一般人的看法，这当然是“很抬举你了”。没有想到的是，一直低调行事的沙孟海拒绝了。长兄为父，他清楚自己的三弟不是反革命，他铭记自己的二弟和五弟是为祖国的解放事业献身了，他保护不了他们，没法为受冤的弟弟申冤，但谁也不能勉强他补款，补款就是相当于对弟弟蒙冤的无视，对他声名的践踏。沙孟海只是说：“要么重写一块匾。名字就不补了。”来人好不尴尬，但是写字的事又相强不得，你总不能摁着别人的手腕吧？！事出紧迫，他们只好请来另外一个人，拼凑了“沙文若”三个字补上。字写得不协调，很难看，但“大雄宝殿”的匾额上，“沙文若”三个字到底还是出现了。

1982年11月，浙江省委重新修正关于沙文汉错划“右派”的复查报告后，“撤销关于开除沙文汉同志党籍的决议，恢复党籍，恢复政治名誉”。对受株连者“一律予以平反，消除影响”。

1983年11月25日，中共浙江省第七次代表大会预备会议通过决议，宣布省二届党代会二次会议关于开除沙文汉等人党籍的决议，是错误的，“省委决定予以改正、彻底平反。”至此，沙孟海三弟沙文汉错案获得完全平反，被颠覆了长达二十五年的功过是非被纠正，真正恢复了历史的本来面目。

同样应该恢复历史本来面目的自然还有灵隐寺“大雄宝殿”匾额。1987年，已是87岁高龄的沙孟海，接受了有关部门的邀请，重新为“大雄宝殿”题额。

一块匾额，映照出了沙孟海和三弟沙文汉的命运，映照出了世道人心。

五、掌天下第一名社

沙孟海年方四岁时，被后世誉为天下第一名社的“西泠印社”成立。

清末，金石研究和发展正处于鼎盛时期。众多的金石名家，有志于弘扬和发展国粹。在杭州的篆刻家王福庵、丁辅之、叶为铭、吴隐等人相聚西湖，在孤山数峰阁旁买地筑室，孤山南麓西泠桥畔创立印社，“人以印集、社以地名”，取名“西泠印社”。当时清朝杭州府与钱塘县均以官府批文登记备案。

1913 年，举行了建社十周年纪念大会，正式定名西泠印社，修启（西泠印社成立启）立约（西泠印社社约），发展社员，公推吴昌硕出任首任社长。印社经过十年的建设，初具规模，并开展了集会、展览、收藏、出版等一系列活动。盛名之下，精英云集。

1921年，印社同仁募赎“汉三老讳字忌日碑”，演绎了一出爱国主义的壮举。1923年，西泠印社举行了建社二十周年纪念活动，“罗列金石家书画千余幅于社，张挂四壁，一时文采风流，声闻远布”。此时，印社的园林建设全部完毕。社内环境幽雅，风景秀丽，楼台亭阁建筑精美，摩崖石刻星罗棋布，成为西湖园林的精华之处。

西泠印社雅集，沙孟海与王个簃（中）、诸乐山（左）合作《梅石图》，沙老题字（1979年12月）。

1926年，沙孟海兼师吴昌硕时，缶庐已掌社13年。一年后，吴昌硕逝世。作为西泠印社首任社长的吴昌硕，他的篆刻开宗立派，立千年以来未有之雄强大气，在百年间还没有人能超越他在篆刻方面的顶峰地位。而在印学之外，他的书法与绘画，也皆达到了前无古人的高度。更为难能可贵的是，吴昌硕并不局限于个人的成就，他以开放的心态参与社团组织的活动，并积极推动与日本的书画篆刻交流。

二十年后，著名金石考古学家、金石鉴赏家马衡继任社长。

1958年3月，沙孟海参加浙江省文化局领导的恢复西泠印社筹备委员会，任委员。主任委员张宗祥，副主任委员潘天寿、陈伯衡，其他委员有韩登安、诸乐三、阮性山，韩兼秘书长。7月，为筹备吴昌硕纪念室事，根据吴东迈建议，吴氏旧藏灵璧石一块，就是“苍石”二字取义所在，今在上海刘汉麟手中，沙孟海特以浙江省博物馆历史部主任名义去函商请捐赠。

1961年，中国共产党成立四十周年，西泠印社同人相约制印谱作纪念，沙孟海刻“政治挂帅”四字。

1963年11月，沙孟海出席西泠印社成立六十周年纪念大会，在学术讨论会上作题为“印学的发展”的发言。会上产生了印社首届理事会，沙孟海当选为理事。选举张宗祥为社长，潘天寿、傅抱石、王个簃、许钦文为副社长。

著名书法家、版本学家，善绘画、擅长古籍校勘，曾任浙江图书馆馆长、浙江文史馆副馆长、中国美协浙江分会副主席的张宗祥，正是当年推荐沙孟海题写杭州灵隐寺“大雄宝殿”匾额之人，掌社仅2年便驾鹤西归。

沙孟海在20世纪六七十年代著或撰写了《印学史》《新安印派简史》《吴昌硕印谱前言》《印学的发展》《篆刻史上的几个问题》《沙邨印话》《谈秦印》等名篇，为西泠印社刻印、题写无数。

1979年12月。沙孟海出席西泠印社七十五周年纪念大会，当选为继吴昌硕、马衡、张宗祥之后西泠印社第四任社长。赵朴初为名誉社长，王个簃、方介堪、启功、诸乐三、钱君匋、程十发为副社长。

当沙孟海看着西泠印社那副其师所写的著名楹联：“印岂无源？读书坐风雨晦明，数布衣曾开浙派；社何敢长？识字仅鼎彝

1988年西泠印社成立85周年时，沙老在西泠印社留影纪念

铃镝，一耕夫来自田间。”他的脑子里，像放电影一般地想起了吴昌硕、冯君木、张美翊、况蕙风、任堇、康有为、沈曾植等前辈、师长、友朋。

西泠印社社长的接力棒，经过半个世纪之后，从吴昌硕传到了沙孟海手上。确乎，在历任社长中，沙孟海的篆刻成就仅次于吴昌硕，而印学理论的系统性则胜之，明显体现出篆刻作为两人之间的“主业”与“专业”的不同姿态。沙孟海又是一位在文物考古学术研究方面极具开创性的大学者，曾任浙江省文物考古学会名誉会长，曾在浙江大学教授古器物学。他对从书法到文学再到更广泛的文化领域均有极大的贡献，他既是一位艺术大师又是近现代文化名人，这样的复合身份与形象，一个单一的书法篆刻家很难拥有。

掌社次年二月。西泠书画院召开成立大会，沙孟海任院长。书“艺术之圃，如日方曙，笔歌星舞，为四化服务”条幅，并在谢稚柳、诸乐三等十七人合作丈二花卉横幅上题写老友余任天诗：

万紫千红赋色新，写来一一见精神；
喜逢盛世风光好，大有可为第一春。

当为其时之内心真实写照。

沙孟海掌社13年，他团结社内外广大金石书画界同仁，在开展金石书画方面的学术研究、艺术创作、编辑出版、人才培养和对外文化交流等方面做出了卓越的贡献。

六、还有一个沙耆弟弟

在沙孟海的日记里，沙村子弟中，除了四个弟弟和子侄，还频繁地提到一个名字，沙耆。

沙耆是谁呢？当年周恩来也问过。1952年，欧洲一艺术代表团访问北京，向周总理称赞沙耆的艺术成就，总理问徐悲鸿后方知其人其经历与造诣，知其在家乡养病，遂通知统战部每月拨发生活费用。

沙耆与沙孟海是亲兄弟还是堂兄弟？其实既不是亲兄弟，也不是堂兄弟。沙孟海曾对沙耆之子沙天行说："我们两家是在清道光年间两兄弟分开的。你家是老三（泰贵房），我家是老四（竹房）。所以，我与你父亲不是亲兄弟，但比亲兄弟还亲。"

沙耆的父亲沙仔甫，号松寿，也是文化人，且有很深的国画造诣，甬上瑞芝阁收藏有沙松寿的逸品佳作。

沙松寿年轻时从沙孟海之父沙晓航学中医外科，历年行医、经商、执教，是一个很有能力的人。沙松寿因长年于上海、济南与杭州等地办厂经商，家道经营得颇为殷实，眼界也开阔。当年沙孟海家人口多，经济困难，沙松寿常伸援手。后来沙耆困难了，就得到了沙孟海的帮助，这是人世间以德报德的典范。

1914年3月29日，沙耆出生于沙村，取名引年，字吉留。幼年羸弱多病，在私塾成绩平平，生性内向，唯爱画画，自小就显露出绘画天赋。

1925年，沙耆随父亲至上海，就读于宁波同乡会小学。

1926年，沙耆因病休学返家。是年其父从济南南归，帮助创办民丰华丰造纸厂，并担任华丰厂总务。次年，父亲将旧宅翻新。题名“藜斋”。

1929年，沙耆随家迁居杭州，时沙孟海任职于省政府，送他入中学，后又介绍进上海昌明艺术专科学校。是年开始，沙孟海和沙耆开始在生命中不断交集。

1931年，沙文汉自俄回国，向沙耆灌输革命道理。“九一八”事变后，沙耆随上海进步学生队伍赴南京请愿，参加上海的示威游行。

1932年，沙耆与沙孟海五弟沙文度一起就读于上海美术专科学校。

1933年，沙耆以政治原因被捕，并判刑一年。为了把他从法国巡捕房赎出，沙松寿通过当时华丰造纸厂董事长杜月笙的关系去疏通，并花了三百元大洋，后又拿出一大笔钱去赔偿担保人蒙受的经济损失。

沙耆出狱后，转入杭州西湖艺专求学。

1934年，沙孟海任南京交通部秘书，邀沙耆父子二人赴南京，为其取艺名——沙耆。

1935年7月，沙孟海介绍五弟沙文度与沙耆至中央大学艺术科为旁听生，从徐悲鸿先生学画，深得徐悲鸿先生青睐。

1936年4月，沙耆与孙佩钧在杭州结婚。据沙耆之子沙天行回忆："我母亲在年轻时就是个有主见、能干、很独立的知识女性。她在中学读书时，就因参加学生会组织的学潮而被外祖父勒令退学。就在休学期间，经朋友介绍与父亲认识。当时父亲已在南京中央大学艺术科跟徐悲鸿先生学画。两年后，1936年4月他们在杭州西湖饭店举行婚礼。婚后不到半月，我父亲即返南京复学去了，母亲则留在华丰厂职工子弟小学当老师。从我母亲和父亲结婚到我父亲1936年12月出国，一共只有八个月时间，其间共同生活在一起不足四个月。两人就这样分手了，当时我母亲只有19岁。没想到这一别竟是一生。"

沙耆赴比利时布鲁塞尔皇家美术学院深造是经徐悲鸿推荐的。

沙天行先生回忆：我父亲是1936年12月从上海离境去比利时的。当时比利时皇家美术学院的学制是三年制。那年我还没有出生。父亲出发去比利时前全家四口，我的父母和祖父母拍合照留念。我的祖父在照片背后题了一首诗："万里鹏程路，行行不费时；三年如一日，转瞬即归期。"由此可见沙耆的父亲是计划他三年学成归国，可惜一走竟然是十年，也没见到父亲最后一眼，这也成了他终身的遗憾。我是1937年5月出生的，不久抗日战争全面爆发，我父亲得知此消息后，给我祖父写信要求回国参加抗战，我祖父回信说，现在打仗要的是武夫，像你这样的秀才回来有何用！先学好本领再回来报效祖国也不迟。

自从1936年沙耆赴比利时后，就慢慢地开始与国内的政治疏离了。他在比利时的十年时间，基本上沉湎于艺术生活。但是，他的妻子不仅成了一位坚定的共产主义信仰者，而且还带着年幼的儿子参加了新四军，这无疑也加剧了他们两人的感情危机。

1940年，沙松寿因积劳成疾去世，而沙耆一去多年，杳无音讯，孙佩钧更感失落，就于1943年7月把儿子丢给婆婆，带着有志参加抗日的30多名初中毕业的院童，毅然走上去延安的路程，沙耆夫妇从此劳燕分飞。

孙佩钧在1946年给沙耆的一封信中说，她在苏区的生活非常幸福，而且指出这种生活也正是沙耆当年所追求的，因此希望沙耆尽快回国，加入到这一革命行列中来，用自己的艺术为人民服务。她说，如果他选择的是沙孟海的道路（当时沙孟海供职于国民党政府，但事实上，他在私下为保护他的几个共产党兄弟生命竭尽了全力，对此，他妻子等外界人士并不十分知情），那么只有离婚。

沙耆入读比利时皇家艺术学院后，果然如悲鸿先生期待的那样，进步神速，成了不折不扣的高材生。由于天赋异禀又刻苦，三年的学业沙耆两年半即告完成，以素描、雕塑、油画第一的优异成绩毕业，并获“优秀美术金质奖章”。

据沙天行介绍：1937—1939年，父亲（沙耆）在比利时皇家美术学院学习期间，由于成绩优异，毕业时其素描、雕塑、油画均获第一，还获得了“艺术界不易多得”的“优秀美术金质奖章”。授奖典礼在比利时美术宫举行，由布鲁塞尔市市长马格斯亲授，引起了比利时美术界的重视。父亲毕业时在比利时已享盛名，在毕业后的七年时间里，办了六次个人画展，参加八次重要联展。每次画展他都在“画展介绍”的扉页上，用中文毛笔字自书“为民族而艺术”和“君子以自强不息”的眉题，这两条可以说是他的座右铭。

1942年，这一年沙耆连续三次举办个人画展。他的作品《吹笛女》被比利时皇太后伊丽莎白收藏，此事也被当时传为佳话而使沙耆声名鹊起，被誉为“家喻户晓”的中国青年画家。也是在这一年的8月份，沙耆在沙布隆圣母教堂第一次精神病发作，被送往根特市圣约瑟医院进行医治。住院一个月之后病情好转之后，继续他的绘画，又接连参加各地的绘画展览。

1946年，沙耆得了精神分裂症。他自己迫切想回国，有诗为证：“忽闻中华已解放，初闻涕泪满衣裳。却看妻子愁何在，漫卷诗书喜欲狂。白日放歌须纵酒，青春作伴好还乡。即从比国回故乡，便上浙江做省长。”这年10月在中国驻比利时大使馆安排下，沙耆抱病乘法国邮船桑对号（San Tay）回国。沙耆回国时，除了带回几大箱数百幅画作，身无分文。他在码头甚至未能见到阔别十年的妻子和从未见过的儿子。

沙天行说：“1946年10月，我父亲是乘坐桑对号邮轮从比利时回到上海的。那天去上海公平路码头接我父亲的有三人，我的大舅舅、沙展世（沙孟海长子）、四伯母（沙孟海四弟沙文威妻子），当天住在我四伯伯家里。家里人看到父亲拿着圣经做祷告，知道他已经入天主教了。当晚吵闹得很厉害，乱敲东西，大声吵闹要见我母亲和我，这时大家发觉他的神经不太正常。”

时任北平艺专校长的徐悲鸿得知沙耆已回到国内，就去信聘请他为北平艺专教授。从沙耆所留下资料和手稿中发现，沙耆是接受了徐悲鸿的邀请，但因精神病情严重而未能成行。

1947年，沙耆回国后定居沙村，由其母照料养病。秋天，其妻将10岁的儿子由山东解放区通过封锁线送回团聚。从此儿子成了他精神上的依托。

1949年12月，沙耆与妻子协议离婚。这一不幸的选择，无疑也加深了沙耆后来的病情。1954年，在沙文汉的安排下，沙耆进浙江省精神病医院治疗。

1966年夏，“文化大革命”开始，沙孟海家被“造反派”第一次抄家。家中书籍等被翻箱倒柜，显得凌乱不堪，大部分堆在户外走廊地面上，后面小屋中存放的沙耆未经整理捐出去的大小油画一大批，堆在大门口马路上，用火焚烧直到夜晚，火光不熄。

1967年，沙耆也难逃厄运，被扣上“资产阶级反动学术权威”的帽子。家中珍藏的书画被席卷一空。所幸的是，“文革”初沙孟海先生将沙耆自国外带回来的百余幅作品，及徐悲鸿的一幅《双猫图》，以其母亲的名义赠给浙江省博物馆收藏。

沙孟海“解放”后，一直关注着沙耆的状况。在《沙孟海全集》的书信卷中可以读到沙孟海给沙天行的二十四封信札，就可以知道什么是沙孟海所说的“比亲兄弟还亲”的感情，沙孟海一直为沙耆生活、起居操心。

1980年，沙天行与沙孟海、史永和陈修良商洽为沙耆筹办画展。三年后，由浙江省博物馆、浙江美术学院和中国美术家协会浙江分会共同筹办的“沙耆画展”在浙江文化会堂隆重揭幕，沙孟海为画展题名。

原中央美院教授、中国油画协会主席詹建俊曾说：“这是一位几乎被人们遗忘的画家，然而，这又是一位将永远留在我们的美术史上，并激发我们去对艺术的意义不断思考的画家。”

沙耆并不知道这些辉煌和世人给予的各种荣誉和高度评价。80年代中期到90年代中期，沙耆迎来了又一个创作高峰，他在这个时期生活状态很不错，心情舒畅。

沙天行说：“父亲是一个纯粹的画家。一个艺术的殉道者。他把自己全部生命都献给了他所热爱的绘画艺术，他也为此而丢失了绘画之外本该属于自己的一切。”

沙耆的辉煌和“重回人间”，无疑离不开沙孟海多年的努力。沙孟海的五弟沙文度和沙耆，是沙氏一族里两个杰出的油画家，他们曾经都是热血的革命青年，都热爱绘画，最后不幸都成为神经病患者，一个失足而死，一个所幸在有生之年名满天下。在沙孟海对沙耆无微不至全方位的关照中，无疑饱含着对沙文度的兄弟情深。另一方面，沙耆是孤独的，他进入了一个不为所知的自我构建的世界。而沙孟海，作为一个担任众多社会职务的显赫书法大家，他其实也是孤独的。

七、一花五叶

据《沙孟海先生年谱》记：1963年8月，浙江美术学院创办全国高校第一个书法篆刻专业，沙孟海应潘天寿院长之邀担任教授，讲授书法、古文字学、篆刻史课程。陆维钊、诸乐三、吴茀之、朱家济、方介堪均在该专业任教，由陆维钊主其事。

浙江美术学院创办书法篆刻专业，其实可以上溯到四年前。早在1959年，院长潘天寿深感中国画系的学生大多只重视绘画技巧而忽视文化修养，古典文学及书法基础薄弱，便有意物色一位古典文学和书法俱佳的人才，担任古典文学和书法教师。

有一天，潘天寿与吴茀之、诸乐三一起游览西湖，在三潭印月一个画廊看到一幅山水画，用笔不俗，题跋内容及书法都十分出色。潘天寿记下了作者“陆维钊”的名字，回学校后马上打听，得知他是杭州大学中文系副教授，便通过组织部门向杭州大学商借。与此同时，浙江医学院也因缺少中医古文教师，得知陆维钊既精通古文，又深谙中医，也向杭州大学借用陆维钊。陆维钊便同时在美院和医学院兼课。

到了1960年上半年，浙江美术学院决定正式调陆维钊。

1962年4月，文化部在杭州召开全国高等艺术院校教材会议，潘天寿在会上谈到全国国画系基础课设置问题时说：“现在学国画的学生，不会在自己画上题字，这简直是笑话……国画系不但要学书法、篆刻，而且应该列为必修课。”接着谈到全国不重视书法的倾向，感到十分忧虑，呼吁说：“现在中小学还不能开设书法课，但应在少数高等艺术院校开办书法专业，以培养书法人才。书法篆刻艺术是宝贵的民族文化遗产，必须继承。要抢救遗产，如果再不抓书法教育，就会出现后继无人的情况！”与会同志和文化部领导，都非常重视和支持这个建议。会议最后决定：全国各美术院校国画系应开设书法、篆刻课程，有条件的先开设，缺少条件的，应该积极创造条件，及早开设。试办书法专业的任务，就委托浙江美术学院筹备。潘天寿亲自组织了一个包括潘天寿、吴茀之、诸乐三、陆维钊、沙孟海、朱家济、刘江的七人小组，筹备书法专业。并指定由陆维钊先生具体负责，刘江协助。

筹备工作从1962年夏季开始，预计到1963年暑期招生。在此一年时间内，要进行教学大纲、教学计划的制定，图书资料的扩充，师资的聘请及招生等工作。那年暑假特别热，美院为此选择了最阴凉的一幢小楼的底楼供七人小组开会。当时，筹备小组成员除刘江以外，也都是六七十岁的老人了。但他们每次都准时到会，边挥扇边讨论，非常认真热烈。尤其是沙孟海和朱家济二位先生，他们路途较远。还有本单位的许多工作要做，抽时间来开会是很辛苦的。但是他们的发言很踊跃，如讨论课程安排时，对书史、书论、印史、印论是作为四门课，还是并为两门课上，沙孟海说："现在尚无经验，课时又不多，史与论选读还是合并为好……"

1963年暑假，浙江美院书法专业筹备就绪，但因为是试办，没有公开对外招生。只在本院附中毕业班挑选了两名有一定书法基础的学生直接进入学习。并正式成立书法刻印科，与国画系人物、山水、花鸟三科并列，陆维钊为科主任，刘江兼秘书。当时教师的分工：朱家济是书法（楷）；陆维钊是古汉语，章祖安协助；诸乐三是篆刻，刘江协助；印学史论是沙孟海；临时来兼课的还有方介堪、陆俨少、陆抑非、潘天寿、吴茀之等。

1964年秋公开招生时来报名的有十多个，结果录取了三名。在陈列馆评阅专业试卷时，全教研组老师都参加，潘、陆、沙、朱、诸等逐人逐幅讨论评比，十分认真。紧接着是1966年"文化大革命"的狂风巨浪，摧折了这株试办的幼苗。开办书法专业也成了潘天寿、沙孟海、陆维钊老一辈书法艺术教育家的"罪名"。潘天寿在这场不幸的灾难中去世了。

在粉碎“四人帮”后的1976年，浙江美院恢复了中国画系。1979年又招收了我国有史以来的第一批书法专业研究生，共有五名：朱关田、王冬龄、邱振中、祝遂之、陈振濂。沙孟海担任指导教师之一，讲授书法、印学史、古文字学课程。

其时，比沙孟海年长一岁的陆维钊身体已经不好。是年7月，陆维钊作《金缕曲·赠沙孟海包稚颐伉俪并寿孟海八十》：“身世同沤寄，记频年，殷勤磨练，沈灰不起，已分斯文长扫地。何事忽来春意，似石隙茑萝新丽。海内通才麟凤举，算文章华国我犹未。书一纸，无他技。而今重累君能倚，舞雩归，笑谈仓雅，看谁知己。白发孟光同举案，相和梁鸿五噫。共厮守青灯书味，消受江山清晏福。定月圆花好春无比，西子畔，神仙侣。”

内有“而今重累君能倚”句，足见沙、陆两人相互敬重，亲密共事之情谊，更有托付学生之意。

1980年元月，陆维钊病重，自知不起，先后嘱鲍士杰、刘江来邀沙孟海。沙孟海即赶赴医院探望。陆维钊含泪向沙孟海托付书法篆刻研究生的教育计划。临终前，陆维钊把朱关田、王冬龄、邱振中、祝遂之、陈振濂五位书法研究生叫到病床前，上了最后一课。

1980年1月30日陆维钊去世，沙孟海撰写挽联并亲往韶华巷陆先生寓所面交李怀恭夫人表示哀悼与慰问。联曰：

世短意多，曾许鲍牙[1]知我；

① 鲍牙：鲍叔牙，春秋时代齐国大夫，以知人著称。

荣辞遐识，不徒蝶扁[①]名家。

1980年6月，沙孟海在杭州被诊断患有膀胱癌，5日决定由夫人包稚颐陪同赴北京，住次子茂世家，后即入次媳方茂敏任手术室护士长的全国闻名的首都医院（即协和医院）医治。

6月15日，念念不忘五位书法研究生的沙孟海写下了著名的《与刘江书》：

刘江同志：

各位想可回校，行万里路，收获一定很多。我因患膀胱癌来北京首都医院诊治，估计暑假前不能回校，深为抱歉。

鉴于此次全国书展与座谈会的倾向，书法篆刻应重视传统，这与我们平日主张是符合的，说明群众意见是正确的。现在我对五位同学学习研究上想到几点小意见：

一、全国书展评选上注重篆体的正讹，这是对的。古文籀篆变化繁多，我们学习，主要应抓小篆。对小篆的形体结构，必须加一番切实功夫，及早打好基础。我上次建议做《篆诀》注释，或可着手进行。五人同注或逐段分工，可商量一下，这工作可包括在暑期在内。

二、听说全国书展正楷极少，我们对正楷功夫应加重视，是否各人就魏晋南北朝、隋唐时代典型作品中选取

① 蝶扁：指陆先生介乎篆隶之间的新字体，宋元人叫做“蝶扁”。

一二种经常临习，这也是基础。所谓典型作品，应将刻手不佳的碑版除外。刻手不佳的碑版非无可以取法之处，但只供参考，不作为正式临习对象。这也许是我偏见。

三、一般书人，学好一种碑帖，也能站得住。作为专业书家，要求应更高些。就是除技法外必须有一门学问做基础，或是文学，或是哲理，或是史事传记，或是金石考古……当前书法界主张不一，无所折中，但如启功先生有学问基础，一致推崇，颠扑不破。回顾二十年代、三十年代上海滩上轰动一时的人，技法上未始不好，后来声名寂然，便是缺少学问基础之故。这点我们要注意。

四、学问是终身之事。学校规定研究时间只短短两年，希望在此两年中打好坚实基础。一方面多看多写，充分了解字体书体原委变迁，博取约守，丰富自己创作的源泉。另一方面还必须及早学会阅读古书能力、查考古书能力。这里所谓古书，不仅仅限于直接有关书法的书。阅读能力，请听听章祖安先生的意见。查考能力，我感到最好注意“目录学”。康南海勉励后生做学问，先看看张之洞《书目答问》（此书标名张之洞，实是缪荃孙代笔）。各位如有兴趣，不妨也看看《书目答问》，全面了解古书类目，对今后做学问有不少帮助。

五、凡百学问，贵在“转益多师”。各位研究学习，第一要虚心。我们几个人多少有一日之长，趁现在集处一堂，可以共同研讨，同学之间也各有短长，可以互相切磋。第二要有大志。常言道“抗志希古”（古是指古人的长处），各位不但要赶上老一辈，胜过老一辈，还要与古代名家争先后。潘、陆二先生创办这个专业，有远大的理想，可惜他们已不在人间。现在书法专业只我们一校，国家赋予的任务甚重，我们要特别珍重。

以上意见是否有当，请你和诸、章诸先生指正！

我因病床还未补上，在家等候，大约明后天可入住。驰想南天，率书代面，信手拾笺，只供参考。

此问各位先生、各位同学近好。

沙孟海

一九八〇年六月十五日

此信可谓不厌其烦，谆谆善诱，字里行间深表沙孟海对书法篆刻教育工作的责任感和对中青年的殷切期望。在随后几天，沙孟海入住协和医院，手术时惊心动魄。此信几成绝笔。

沙孟海的五个研究生之一的朱关田后来曾作“又读《与刘江书》”一文：

这不仅是对我们当时在学的五位书法研究生的具体要求，也体现了沙先生的书法教学思想。五点意见包括字内、字外功夫，如临写篆书、楷书，如提升阅读、查考古书能力，如虚心与大志，全是需要历练的书法基本功，它来自传统，又异于传统。

……

其实，沙先生对文字学的要求已作了很大的改变，只强调小篆，且重在形体、结构，纯在有宜于正确无误地书写文字，把它的声音、训诂留待以后各位的志趣。可惜他所建议的《篆诀》注释，没有很好地进行下去。研习与临写的书体，沙先生要求“充分了解字体、书体原委变迁，博取约守”者，范围已突破《石经》之古文、篆、隶三体，且《石经》出之拓片，实已不宜作范本，加上地不爱宝，出土良多，印刷术又昌盛进步，影印流布，甲骨、鼎彝、简帛、纸卷与碑志，正草书体，古今书迹，借鉴仿习，既远胜于当年，自然更有利于书写，而其功用，沙先生所谓“丰富自己创作的源泉”，显然不仅在于传统的应用书写。多看多写，诸体并行，在现今渐趋非应用的环境里，正草隶篆已经不是传统的适时而用、各宜其事了，事实上，传统亦多见变通，如篆之婉通、隶之精密、草之流畅、章之检便，互融互惠，相成相辅，其篆笔隶格，或正草相杂，诸书体、诸用笔之错综运用古已有之，于今为烈，早演化成多元手段，“创作”两字，虽借用美术术语，意义却是十分深远的。这是书法的专业学问，自然是包括实践与理论两项的，“多看多写”“博取约守”固然归于实践，“原委变迁”之“充分了解”，实践中带有理论，有的纯要依靠书本知识，如书体名称所谓隶书、八分、真书、楷书，古今人的理解不尽相同，多见异歧，这是需要通过阅读，遂能加之辨析的，因此，书法的专业学问，尤其理论方面的，阅读与查考古书能力是十分重要的。

……

至于字外功，虚心与大志，虚心是可以理解的，大志还得赘述一下。沙先生的所谓“大志”，是“抗志希古”，超越前人，“与古代名家争先后”，这不仅是他个人的期待，也是潘天寿、陆维钊创办书法专业的理想所在，对于我们学生来说是一种担当，更是一种责任。此话虽属最后说，看似不经意，其实十分重要，是问题的核心，纲举目张，一切皆可迎刃而解。“与古代名家争先后”者，亦不外于技巧与理论两项，其传承与发扬，包括处置古今、人我、新旧、雅俗诸关系，是辩证的，有度的，不及与过之，皆是魔障，此既系之于人生，又囿之于时代，自诩无用，是要公论，历史的肯定，所谓“五百年后评自公”，谈何容易。胜局虽难料，总要立志，有志尚难酬，何况无志，“与古代名家争先后”值得我们深思。

“抗志希古”，古代名家长处何在，研究与认识是为首务，尤有关于作者的识见，是必须认真的，尤其人物臧否、作品真伪以及书法作品的工拙优劣，实事求是，功在平允，如老吏断狱，谨言慎行，沙先生的《近三百年书学》堪称典型。

……

再说沙孟海在协和医院惊心动魄的治疗过程。

6月19日膀胱检查时发现沙孟海颈部有乳头状肿物，26日上午9时开始进行两个多小时的外科手术进行切除，病理结果为乳头状移行上皮细胞癌。手术很顺利。但下午四时许，胃部突然大出血，血压骤降至四十毫米汞柱左右，情况危急。幸次媳还未下班，与大夫联系后决定先用冷冻法将胃部出血止住，然后奔走联系各科大夫会诊，认为只有使用针药Tagamet。此药当时系进口药，市面上不易购得，但知该院某大夫曾使用过此药，手中尚留有一支，必须先行用上，病情才得到控制。同时亦获知梅兰芳先生的夫人曾使用过此药，后因去世，尚留有几针，因此通过在同院工作的梅兰芳儿媳处探知其住处后，次日由沙孟海次子茂世前去梅宅借用九支。这样继续使用，才脱离危险。沙孟海7月20日出院，在花园村四弟史永（即沙文威）寓所休养多日后，偕夫人返杭。

80岁的沙孟海能脱离病魔所困，无疑是五位研究生之幸，他们将在老师的带领下，在不远的未来接过前辈衣钵，成为中国书法星空中最为明亮的群星。

八、巨龙飞天

1980年7月，沙孟海刚回到杭州，就被浙江省文化局党组任命为浙江省博物馆名誉馆长。这预示着沙孟海老树新花，将为这个社会多做更多的贡献，在书艺上再登巅峰。

这年1月，《文化娱乐》杂志第一期，刊载沙孟海所作《我的学书经历和体会》，对自己一甲子的书法创作生涯进行了回顾。

学书六十年，东涂西抹，一无所成。《文化娱乐》编辑部要我谈谈学书经验，很惭愧，“如鱼饮水，冷暖自知”，实在没有什么好的经验可谈。

我自觉漫长的六十年中间，早一时期是“彷徨寻索”，走了不少弯路。稍后是想“转益多师”，多方面吸收些营养来丰富自己。由于功夫不到，直到老年，写不出什么名堂来。

我早年“彷徨寻索”的过程是这样的：十四岁父亲去世，遗书中有一本有正书局新出版的影印本《集王书圣教序》，我最爱好，经常临写。乡先辈梅赧翁先生（调鼎）写王字最出名，书法界推为清代第一。我在宁波看到他墨迹不少，对我学习《王圣教》，运笔结体各方面都有启发。只因我笔力软弱，学了五六年，一无进展，未免心灰意懒。朋友中有写《郑文公碑》《瘗鹤铭》诸体笔力矫健，气象峥嵘，更感到自己相形见绌。为了藏拙起见，我便舍去真、行书，专学篆书。先父在世时，也写篆书，刻印章，我约略认识一部分篆文。家里有《会稽刻石》《峄山刻石》，书店里又看到吴大澄篆书《说文部首》《孝经》《论语》，喜极，天天临习，加上老一辈的称赞，劲头更足。由于篆书写的人少，一下子出了小名声。在中学求学时，星期天常为人写屏、写对。但上下款照例应写真、行书，还是见不得人，经常抱憾。后来见到商务印书馆影印梁启超临《王圣教》《枯树赋》，结体逼似原帖，但使用方笔，锋棱崭然，大为惊奇。从此参用其法写王字，面目为之一变。再后几年，看到神州国光社等处影印的黄道周各体书，也多用方笔，结字尤新奇，更合我胃口，我就放弃王右军旧体，去学黄道周。与此同时，我结识钱太希先生（罕）。他对北碑功夫很深，看他振笔挥洒，精神贯注，特别是他结合《张猛龙》与黄庭坚的体势来写大字，这一境界我最喜爱，为人题榜，常参用其法。我也曾按照康有为《广艺舟双楫·学叙篇》所启示的程序临写北碑，终因胆量欠大，造诣浅鲜，比不上别人。但这一过程也有好处，此后写大字，参用魏碑体势，便觉得展得开，站得住。

廿三岁，初冬到上海，沈子培先生（曾植）刚去世。我一向喜爱他的书迹，为其多用方笔翻转，诡变多姿。看到他《题黄道周书牍诗》的“笔精政尔参钟、索，虞、柳拟焉将不伦”（宋荦旧跋说黄字似虞世南、柳公权），给我极大启发，由此体会到沈老作字是参用黄道周笔意上溯魏、晋的。我就进一步去追黄道周的根，直接临习钟繇、索靖诸帖，并且访求前代学习钟、索书体有成就的各家字迹作为借鉴，如唐代的宋儋、宋代的李公麟、元末的宋克等人作品，都曾临习取法。交游中任堇叔先生（堇）写钟字写得极好，我也时常请教他。这便是我“转益多师”的开始。上海是书法家荟萃的地方，沈老虽过世，吴昌硕（俊卿）、康更生（有为）两先生还健在，我经人介绍分头访谒请教。康老住愚园路，我只去过一趟，进门便见“游存庐”三大字匾额，白板墨书，不加髹漆，笔力峻拔开张，叹为平生稀见。吴老住山西北路，我住海宁路，距离极近，我经常随况蕙风（周颐）、冯君木（开）诸先生到吴家去。在我廿五岁至廿八岁四年中间，得到吴先生指教较多。听他议论，看他挥毫，使我胸襟更开豁，眼界更扩大。我从此特别注意气魄，注意骨法用笔，注意章法变化，自觉进步不少。三十岁左右，我喜爱颜真卿《蔡明远》《刘太冲》两帖，时时临习。颜又有《裴将军诗》，或说非颜笔，但我爱其神龙变化，认为气息从《曹植庙碑》出来，大胆学习，也曾偶然参用其法。我对历代书家也不是一味厚古薄今的。我认为临摹碑帖贵在似，尤其贵在不似。宋、元以来诸名家作品，尽有超越前人之处，我都引为师友，多所借鉴。篆书，大家学邓石如，我也同时取法王澍、钱坫。隶书，明以前人不足学，我最爱伊秉绶，也常用昌硕先生的隶法写《大三公山》《郙阁》《衡方》。行草，我对苏轼、黄庭坚、米芾、祝允明、王宠、黄道周、傅山、王铎都爱好，认为他们学古人各有专胜，各有发展。抗日战争期间，避地到重庆，手头无碑帖，只借到肃府本《淳化阁帖》一部，择要临习。我对第十卷王献之书下功夫较多，尽管有伪帖，我爱其展肆，多看多临，有时会有新的境界出来。因想到传世王铎墨迹多是临写古帖，取与古本对照，并不全似，甚至纯属自运，不守原帖规范，这便是此老成功的所在。昌硕先生临《石鼓文》自跋说："余学篆好临《石鼓》，数十载从事于此，一日有一日之境界。"也是这个道理。世人或讥评吴昌硕写《石鼓》不像《石鼓》，那便是"门外之谈"。

我的"转益多师"，还自己定出一个办法，即学习某一种碑帖，还同时"穷源竟流"，兼学有关的碑帖与墨迹。什么叫穷源？要看出这一碑帖体势从哪里出来，作者用怎样的方法学习古人，吸取精华？什么叫竟流？要找寻这一碑帖给予后来的影响如何，哪一家继承得最好？举例来说：钟繇书法，嫡传是王羲之，后来王体风行，人们看不到钟的真帖，一般只把传世钟帖行笔结字与王羲之不同之处算作钟字特点。我上面说到宋儋、宋克等人善学钟繇，曾作借鉴，便是"竟流"的例子。"穷源"的例子：郑杓《书法流传之图》把虞世南、欧阳询、褚遂良、颜真卿诸家统统系属于王羲之、王献之下面，一脉相传，这是不妥当的。欧阳询书体，远绍北魏，近接隋代《苏慈》《董美人》方笔紧结一派。宋元人不重视南北朝隋代碑版，或者未见前代有些碑版，妄指欧阳询真、行各体全出二王，太不切实际。又如：苏轼曾称赞颜真卿书法"雄秀独出，一变古法"。宋人看到前代碑版不多，只见其雄浑刚健，大气磅礴，非初唐诸家所有，所以这样说。事实上各种文艺风格的形成，各有所因。唐人讲究"字样学"。颜氏是齐鲁旧族，接连几代专研古文字学与书法，看颜真卿晚年书势，很明显出自汉隶，在北齐碑、隋碑中间一直有这一体系，如《泰山金刚经》《文殊般若碑》《曹植庙碑》，皆与颜字有密切关系。颜真卿书法是综合五百年来雄浑刚健一派之大成，所以独步一时，决不是空中掉下来的。我用上述方法来对待历代书法，学习历代书法，是否合理，不敢自信。

古人说“业精于勤”，我对书法平日懒于临习，一曝十寒，实践不够，所以成就不多。自从林彪、“四人帮”粉碎以来，全国形势大好，文艺得到了春天。我虽八十之年，还是壮心未已，正想与中年人一道继续学习，继续上进，昌硕先生诗：“谓我何求颡有泚，八十翁犹求不已。”我写这篇检查，切盼书法界同人论定是非，匡我不逮，给我南针。

根据沙孟海《我的学书经历和体会》，可以看到这样的脉络：

一、初学行书《集王圣教序》；

二、后又转学篆书；

三、再学梁启超方笔；

四、又转学黄道周、兼学魏碑；

五、再上溯魏晋诸帖、转益多师；

六、多所借鉴、诸体兼学；

七、最后穷源竟流，悟出书法真谛。

沙孟海把自己的学书经历总结为早年的“彷徨录索”和到上海后的“转益多师”，这以后，特别是中华人民共和国成立后至

70年代这一时期则可谓是“强化风格”，而80年代以后则步入了“人书俱老”的最高境界，迎来了他书法艺术蓬勃发展的春天。

随着学养的丰厚和阅历的拓展，沙孟海更多地关注字的“体势”和章法的“气势”，创作上，以楷书为主转向以行草为主，从以往的“尚韵”为主的追求，到对北碑一派“尚势”为主的追慕。沙孟海将自己的艺术观念融于帖学和碑派的熔炉中，撷取意态挥洒的帖学和雄浑朴拙的碑派之长，使自己的艺术个性得到淋漓尽致的宣泄。

这一时期，沙孟海创作进入一个鼎盛时期，如璞玉开雕，放射出夺目的光芒，受到海内外艺术界的瞩目。尤其在他担任西泠印社社长、浙江书协主席、中国书法家协会副主席之后，大量的社会活动和学术活动，流布甚广的个性鲜明的作品，使其名望如日中天。沙孟海和陆维钊等培养的书法硕士生迅速成长为中国书坛的中坚，这也促使他书坛“宗师”的地位众望所归。其弟子陈振濂教授在《沙孟海书法篆刻论》文中分析沙孟海晚期书风特征时说：“有意为之强调气势和刻意求全的强调技巧，逐渐地为炉火纯青地信手拈来所代替。一切犹豫、彷徨和偶有小获的喜悦，被一种更为大气的风度所淹没。”

沙孟海这个鼎盛时期的作品，行草书和擘窠大字占据了主导地位。

行草书和擘窠大字是沙孟海千折百磨后的峰回路转，归于平正。诚如启功所说，沙孟海的字，“往深里看去，确实有多方面的根底修养，而使我最敬佩处则是无论笔的利钝、纸的粗细、人的高低，好像他都没有看见，拿起便写，给人以浩浩落落之感”。

沙孟海87岁高龄时书写的六尺见方的巨幅“龙”字，是他擘窠大字的代表，被书法界誉为极品。和一般书家不同的是，沙孟海题写榜额，基本是原大实写，正是这一超人的艺术手段，奠定了他在书法史上不可动摇的地位。陈振濂在其所写《沙孟海书法篆刻论》中说：“如果没有榜书这一绝招，沙孟海书风在现代书法史上的地位将受到大大影响。”

为更好地弘扬、传承沙孟海书学精神，研究、收藏、展览沙孟海书法，1992年4月26日，“沙孟海书学院”在故乡鄞县美丽

沙老87岁时在杭州刘庄挥巨毫手书4平方米巨幅“龙”字

的东钱湖畔正式成立。全国各地书法家、沙孟海学生、故旧数百人参加了成立仪式，92岁的沙孟海即席发言。当天晚上，沙孟海下榻于宁波甬港饭店，次日凌晨起床去洗手间不幸倒地骨折。当地政府立即用海军直升飞机送他回杭州医院抢救，经过近半年的治疗，还是未能挽救这位书坛泰斗的生命。

陈振濂说：“以近现代篆刻史人物论，沙孟海是晚近印学界的一代宗师，一个明确的象征，他的去世，标志着一个时代的终结。”

沙孟海，20世纪中国书坛的杰出人物，鄞县的儿子，在他百年之后，魂归故乡。他的陵园，位于书学院西侧的小山坡上——“砚境台”。山顶上，有“墨翰亭”及两米见方的白色石刻书本、巨大的黑色花岗石砚台、墨池和石头屏风墙，好像主人刚刚离开的天地书斋，微风吹起，仿佛能听到毛笔划过宣纸的声音，那是“身材高大、声如洪钟，一看就像是干大事”[①]的沙孟海先生以云为墨、以地为纸、以松为笔，一如龙行般书写着海内第一的擘窠大字。

2017年12月30日一稿于嵊州

2018年2月5日二稿于杭州

① 著名画家、潘天寿入室弟子李大震先生语。

附录：沙孟海作品欣赏

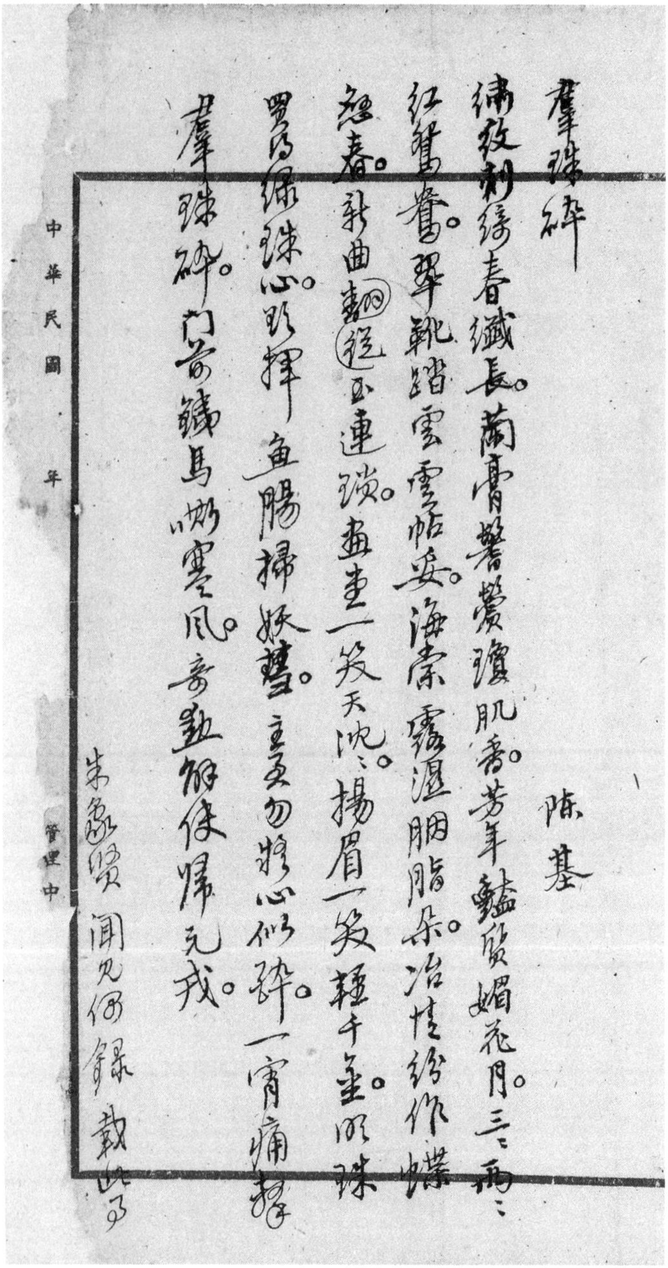

群珠碎　　陈基

绣纹刺绣春纖長。蘭膏髮鬢瓊肌香。芳年豔質媚花月。三三兩兩

紅鸞鸞。翠靴踏雲雲帖妥。海棠露濕胭脂朵。冶情綃作蝶

怨春。新曲翻經玉連環。畫屏一笑天沈沈。揚眉一笑輕千金。明珠

買得綠珠心。郎揮魚腸掃妖彗。主人勿將心似碎。一宵痛哭

群珠碎。門前鐵馬嘶寒風。旁盈使歸亢戎。

朱象賢聞見偶錄載此詩

中華民國　年　管理中

沙邨小品册·行书陈基群珠碎诗杪　纵二七点五厘米　横一六点五厘米　浙江省博物馆藏

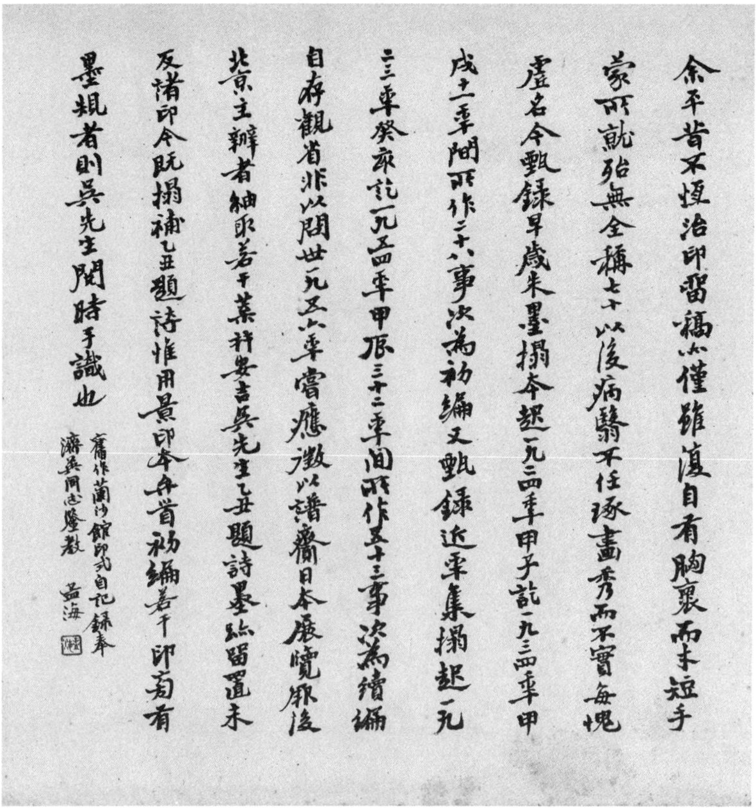

行书兰沙馆印式自记　纵三四点三厘米　横三二点七厘米　一九七七年　个人藏

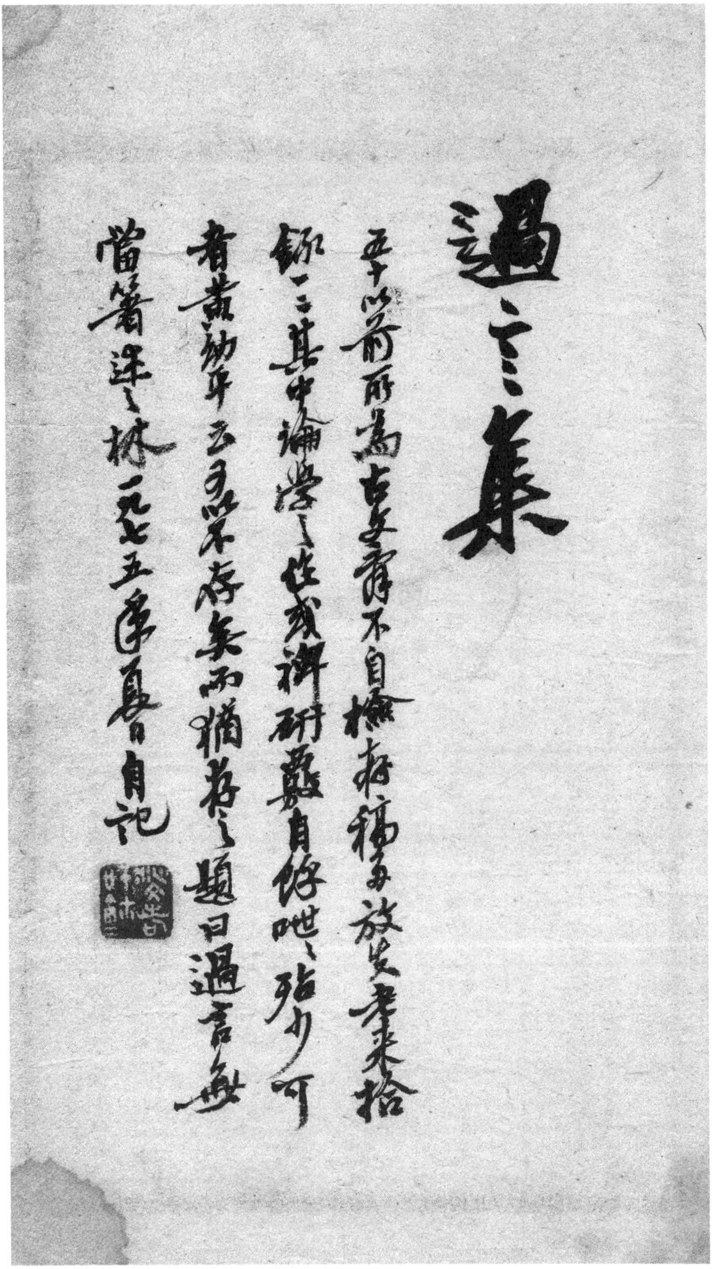

過言集

五十以前所為古文辭不自愛惜存稿無幾老來拾錄一二其中論學之作或辨研藝自得咄咄殆亦可看叢殘幼年至多不存集而猶存之題曰過言無當箸述之林一九七五年[illegible]自記

过言集稿本题记　一九七五年

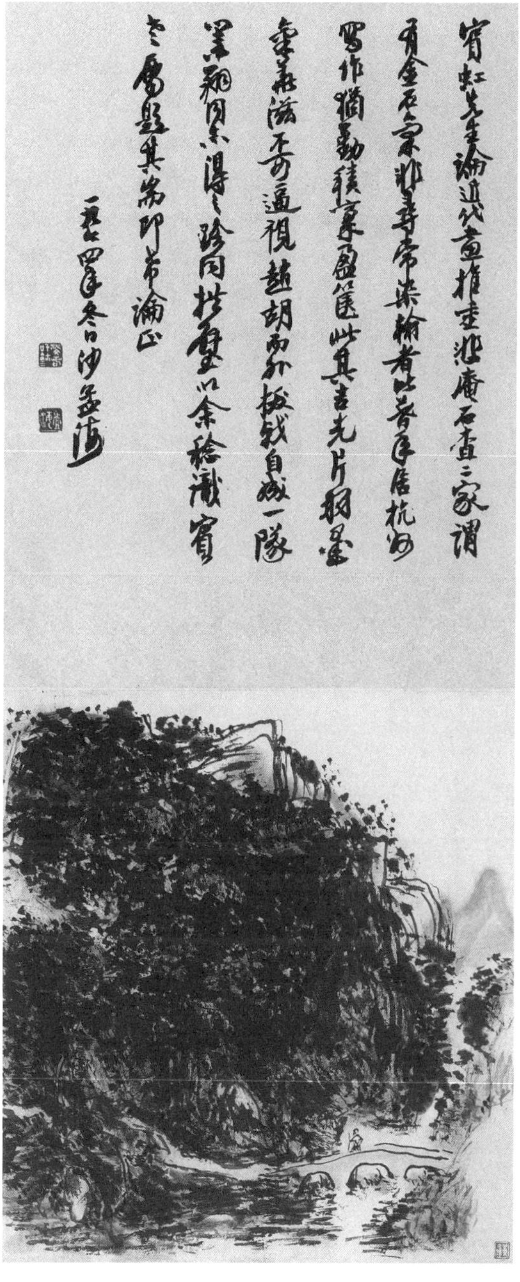

行书题黄宾虹山水图诗堂　纵五九厘米　横二五厘米　一九七四年　个人藏

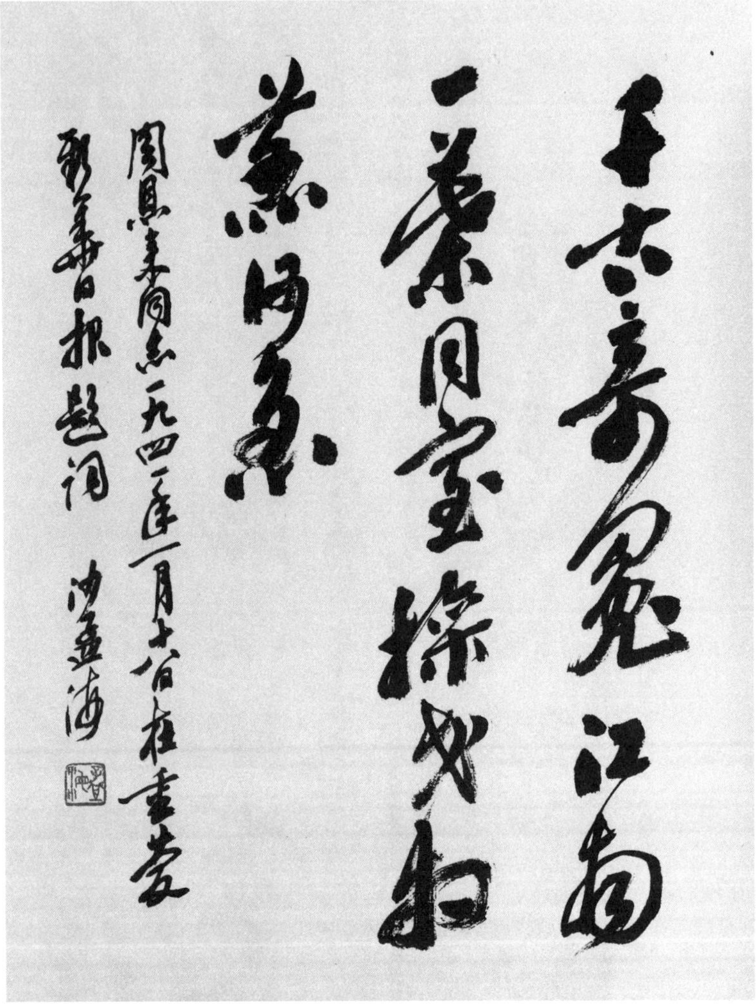

行草周恩来题词斗方　纵三四点八厘米　横二五点八厘米　个人藏

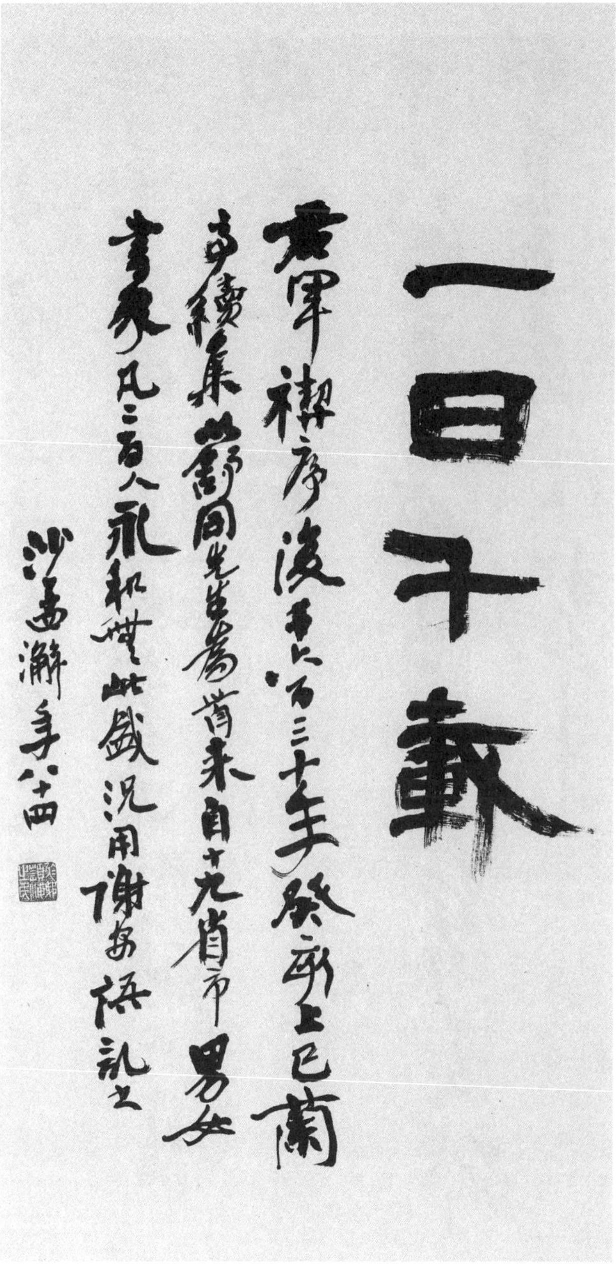

隶书一日千载四字轴　纵六七厘米　横三四厘米　一九八三年　沙孟海书学院藏

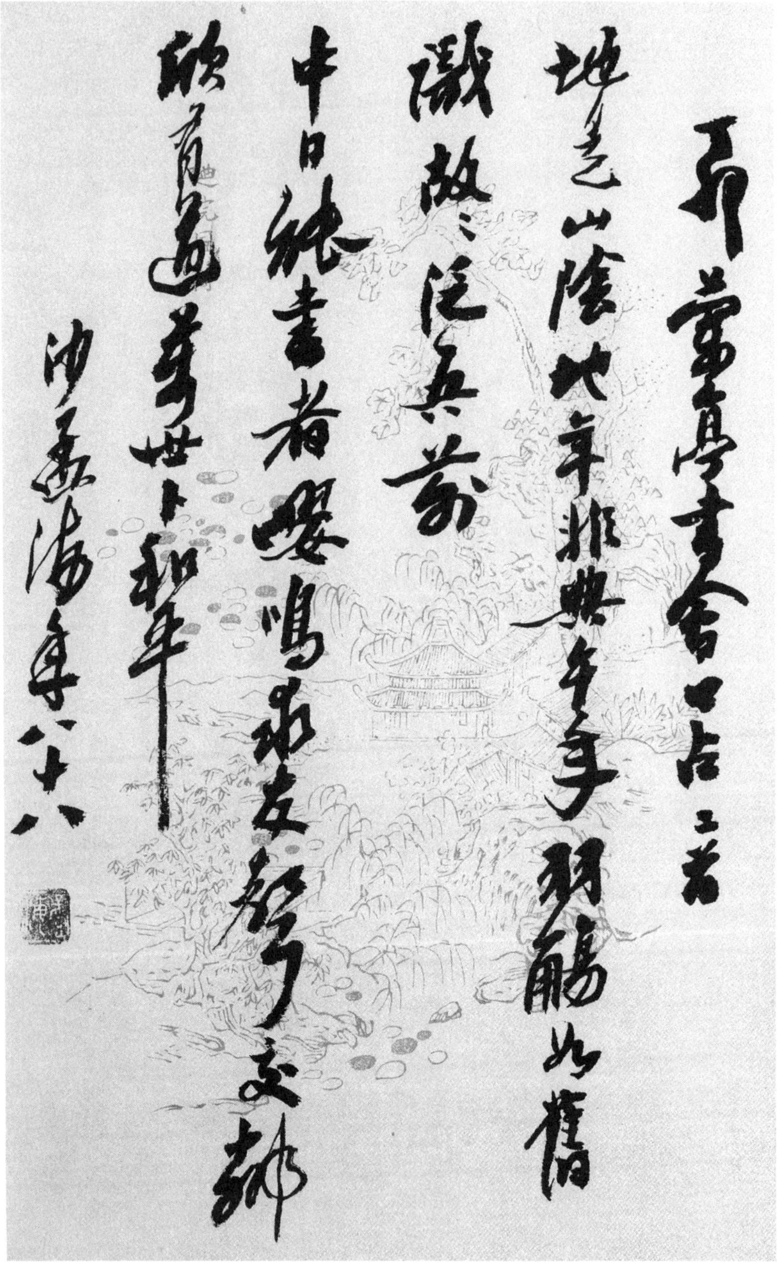

行书兰亭书会口占二首册页　纵二六厘米　横一六厘米　一九八七年　绍兴考古研究所藏

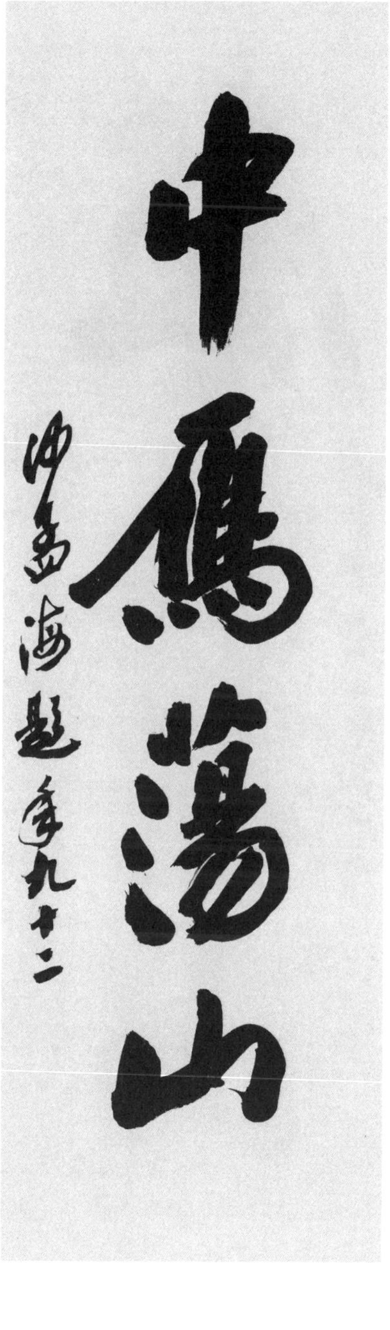

行书中雁荡山题标　纵七二厘米　横二三厘米　一九九一年　浙江省博物馆藏

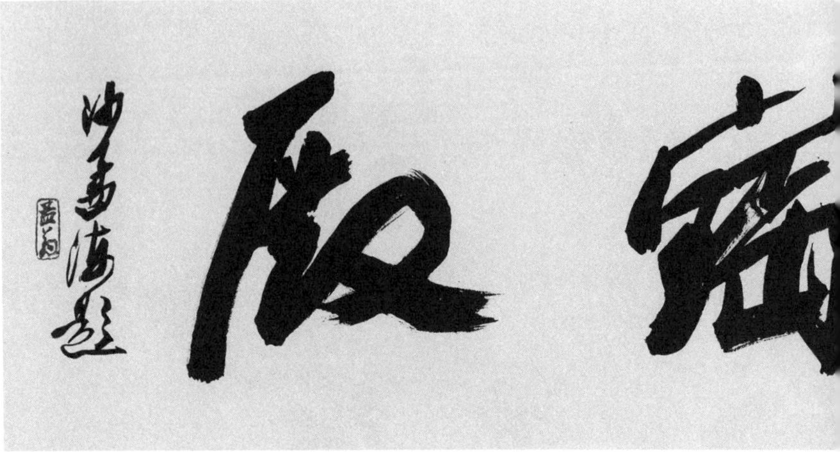

行书大雄宝殿额　纵三二厘米　横一三二厘米　一九八五年　沙孟海书学院藏

大
一九八五年七月

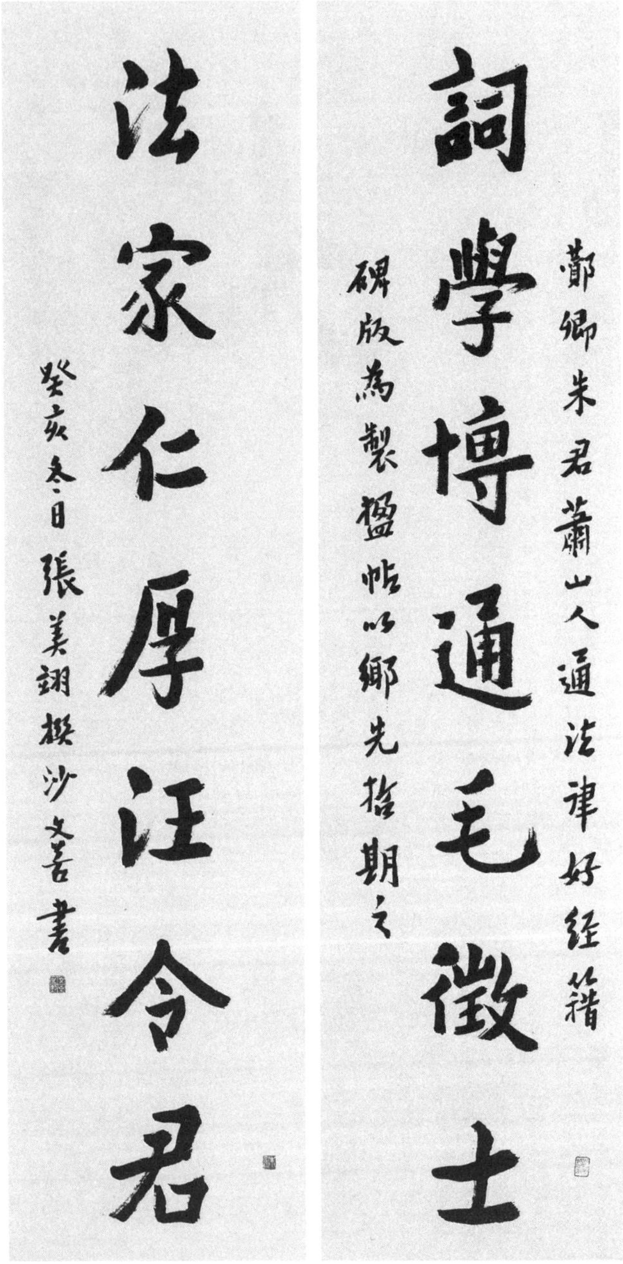

楷书词学法家七言联　纵一三〇点五厘米　横三二点一厘米　一九二三年　天一阁博物馆藏

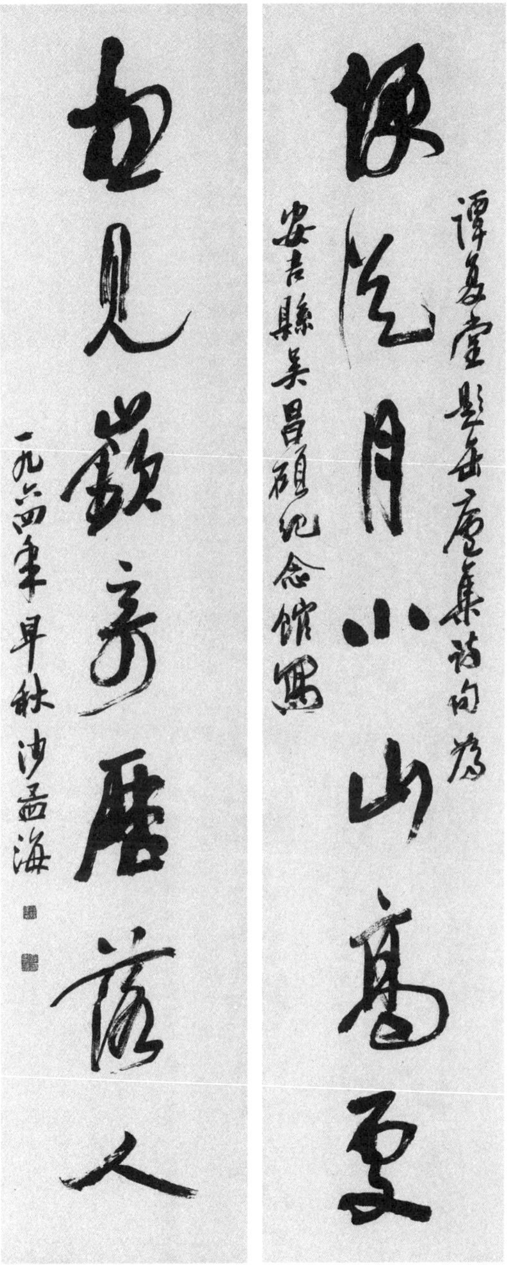

行书便从想见七言联　纵一三一厘米　横二六厘米　一九六四年　沙孟海书学院藏

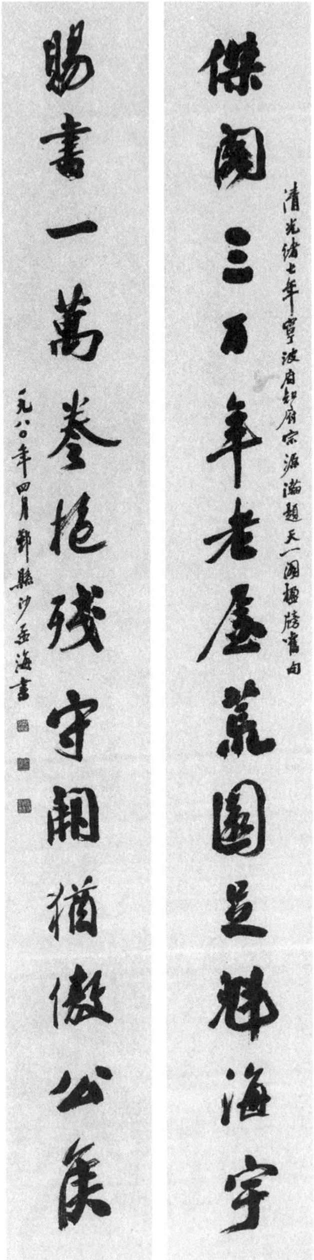

行书杰阁赐书十三言联　纵二三〇点五厘米　横二八点五厘米　一九八〇年　天一阁博物馆藏

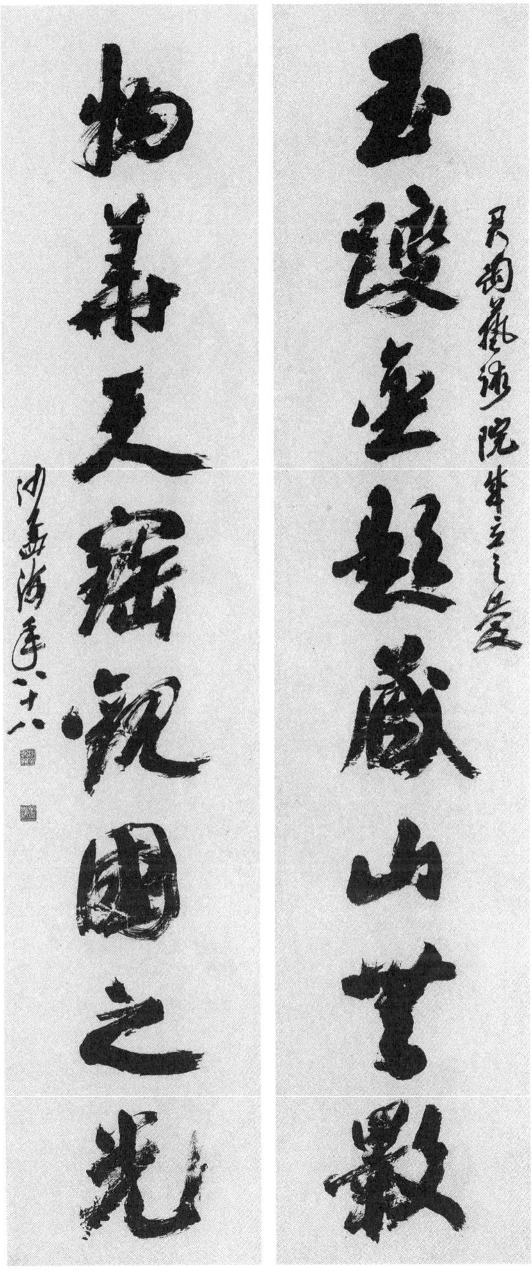

行书玉躞物华八言联　纵一七八厘米　横三六点五厘米　一九八七年　桐乡君匋艺术院藏

行书高会丹篆六言联　纵一一五厘米　横二二厘米　一九八三年　西泠印社藏

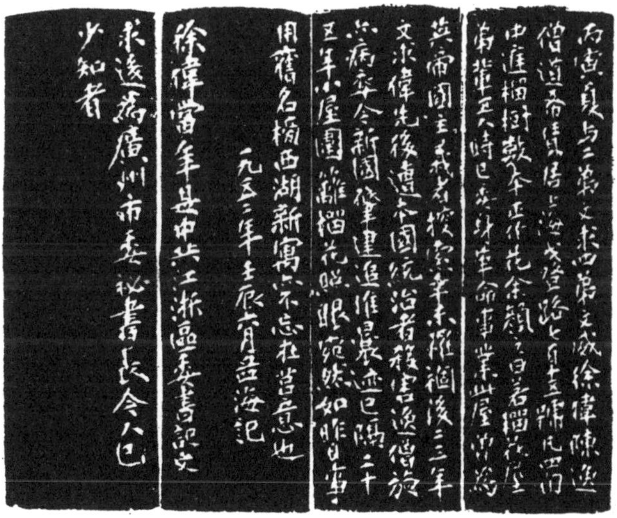

丙寅夏与二弟文求四弟文威徐偉陳逸
僧道吾侄居上海戈登路七百五十號門前
中庭榴樹數本正作花余顏之曰若榴花屋
弟輩正少時已參身革命事業此屋實為
與帝國主義者搏鬥策源地後二三年
文求偉先後遭本國統治者殺害逸僧旋
亦病卒今新國肇建追惟最遠已隔二十
五年小屋園籬榴花照眼宛然如昨日事
用舊名榴西湖新寓亦不忘在昔意也
一九五二年壬辰六月孟海記
徐偉當年是中共江浙區委書記文
求遂為廣州市委秘書長今人已
少知者

香风时来吹去萎花更雨新者

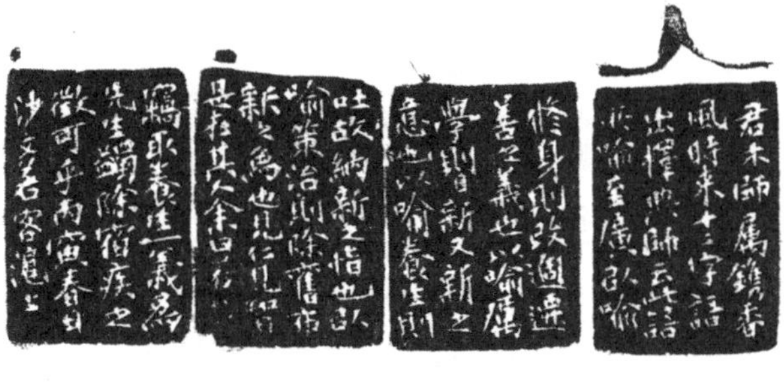

夜雨雷斋

前竹垞一月生　凿山骨

无限风光在险峰

临危不惧

图书在版编目（C I P）数据

沙孟海评传 / 陈耘文，宓可红著. -- 杭州 : 西泠印社出版社，2018.6
ISBN 978-7-5508-2412-6

Ⅰ. ①沙… Ⅱ. ①陈… ②宓… Ⅲ. ①沙孟海（1900-1992）—评传 Ⅳ. ①K825.72

中国版本图书馆CIP数据核字(2018)第146637号

沙孟海评传

陈耘文　宓可红　著

出品人　江　吟
责任编辑　叶康乐　陈国梁
特邀编辑　韩　旭
封面设计　王　欣
责任出版　李　兵
责任校对　刘玉立
出版发行　西泠印社出版社
地　　址　杭州市西湖文化广场 32 号 E 区 5 楼
邮　　编　310014
电　　话　0571—87243079
经　　销　全国新华书店
设计制作　杭州真凯文化艺术有限公司
印　　刷　浙江海虹彩色印务有限公司
开　　本　710 mm × 1000 mm　1/16
印　　张　16.25
字　　数　300千字
印　　数　0001—2000
书　　号　ISBN 978-7-5508-2412-6
版　　次　2018 年 6 月第 1 版　2018 年 6 月第 1 次印刷
定　　价　58.00 元